Möller · Optimale Rosenpflege in Bildern

Hans Heinrich Möller

Optimale Rosenpflege in Bildern

Schritt für Schritt zu mehr Erfolg

Quelle & Meyer Verlag Wiebelsheim

Die Angaben in diesem Buch sind vom Autor und dem Verlag sorgfältig erwogen und geprüft, dennoch kann keine Garantie übernommen werden. Eine Haftung des Autors bzw. des Verlags und seiner Beauftragten für Personen-, Sach- und Vermögensschäden ist ausgeschlossen.

Bibliografische Information der Deutschen Nationalbibliothek
Die Deutsche Nationalbibliothek verzeichnet diese Publikation in der Deutschen Nationalbibliografie; detaillierte bibliografische Daten sind im Internet über http://dnb.d-nb.de abrufbar.

Umschlaggestaltung: Rolf Heisler
Umschlagabbildungen: H. H. Möller, Rosen Tantau KG
Druck und Verarbeitung: Werbedruck GmbH Horst Schreckhase, Spangenberg
Printed in Germany/Imprimé en Allemagne
ISBN 978-3-494-01650-4

Inhaltsverzeichnis

Vorwort zur 1. Auflage . . . 6

1. Einführung . . . 7
- 1.1 Geschichte und Verbreitung . . . 7
- 1.2 Rosenzüchtung . . . 10
- 1.3 ADR-Rosenneuheitenprüfung . . . 12

2. Rosenpraxis . . . 14
- 2.1 Vorbereitung . . . 14
  - 2.1.1 Standortwahl . . . 14
  - 2.1.2 Bodenbeschaffenheit . . . 14
- 2.2 Sortenauswahl . . . 16
  - 2.2.1 Beetrosen (früher Polyantha-Rosen) . . . 16
  - 2.2.2 Edelrosen (früher Teehybriden) . . . 17
  - 2.2.3 Kleinstrauchrosen/Bodendeckerrosen . . . 17
  - 2.2.4 Strauchrosen . . . 17
  - 2.2.5 Kletterrosen . . . 18
  - 2.2.6 Ramblerrosen . . . 18
  - 2.2.7 Zwergrosen . . . 18
  - 2.2.8 Rosenstämme . . . 19
  - 2.2.9 Wild- und naturnahe Rosen . . . 19
  - 2.2.10 Historische Rosen . . . 20
  - 2.2.11 Englische Rosen . . . 20
  - 2.2.12 Rosen für die Floristik . . . 20
- 2.3 Pflanzung . . . 21
  - 2.3.1 Angebotsformen beim Kauf von Rosenpflanzen . . . 21
  - 2.3.2 Pflanzung wurzelnackter Rosen . . . 23
  - 2.3.3 Pflanzung mit Wurzelverpackung und Pflanztöpfen . . . 24
  - 2.3.4 Pflanzung von Containerrosen und Rosen mit Topfballen . . . 25
  - 2.3.5 Pflanzung von Stamm- und Kaskadenrosen . . . 26
  - 2.3.6 Rosen in Kübeln und anderen Pflanzgefäßen . . . 27
  - 2.3.7 Können Rosen nach Rosen gepflanzt werden? . . . 27
- 2.4 Rosenpflege . . . 28
  - 2.4.1 Pflege im Frühjahr . . . 28
  - 2.4.2 Düngung in Frühjahr und Sommer . . . 34
  - 2.4.3 Pflege im Sommer . . . 36
- 2.5 Pflanzenschutz . . . 39
  - 2.5.1 Tierische Schädlinge . . . 39
  - 2.5.2 Pilzliche Schaderreger . . . 41
  - 2.5.3 Wintervorbereitung . . . 44
- 2.6 Vermehrung von Rosen . . . 45
  - 2.6.1 Aussaat . . . 45
  - 2.6.2 Veredelung (Okulation) . . . 46
  - 2.6.3 Vermehrung durch Stecklinge . . . 48
- 2.7 Begleitpflanzen . . . 49
  - 2.7.1 Stauden . . . 50
  - 2.7.2 Gräser . . . 51
  - 2.7.3 Einjährige Sommerblumen . . . 52
  - 2.7.4 Blumenzwiebeln . . . 52
  - 2.7.5 Ziersträucher, Blüten- und Nadelgehölze . . . 53
  - 2.7.6 Clematis . . . 54

3. Auswahl empfehlenswerter Rosensorten . . . 56

4. Bezugsquellen . . . 77

5. Rosenkalender . . . 78

6. Glossar . . . 80

Literaturverzeichnis . . . 83

Bildquellennachweis . . . 84

Vorwort zur 1. Auflage

Nachweislich zählen Rosen zu den ältesten Pflanzen der Welt. Rosen hat es offenbar schon lange vor der Entwicklung des Menschen gegeben. Davon zeugen Funde, die sich teilweise im fossilen aber auch im versteinerten Bereich befinden. Mit der Entwicklung der Menschheit nahm auch die Verbreitung der Rose ihren Lauf. Waren Rosen in ihren natürlichen Vorkommen fast ausschließlich auf der nördlichen Halbkugel anzutreffen, sorgten später Seefahrer, reisende Botaniker und Pflanzenkenner für ihre weltweite Verbreitung.

Die Geschichte der Rosen etwas zu kennen, führt auch zu einem besseren Verständnis des manchmal divenhaften Verhaltens dieser besonderen Pflanze. Die Rose erfreut sich nach wie vor großer Beliebtheit. Sie wird zu Recht als „Königin der Blumen" bezeichnet. Und eine Königin bedarf besonderer Aufmerksamkeit. Damit der Gartenfreund mehr Freude und Spaß an dieser einmaligen Pflanze hat, möchte ich ihm einige wichtige Tipps für die erfolgreiche Rosenkultur in seinem Garten geben.

Leider sind die Verwender von Rosen nicht immer mit der Rose in ihrem Garten zufrieden. Das kann verschiedene Gründe haben. So können die Auswahl der Sorten, ein ungünstiger Standort, schlechte Bodenvorbereitung, unsachgemäße Düngung, nicht ausreichender Winterschutz oder Schnittfehler als häufigste Ursachen bei den unterschiedlichen Rosenklassen gelten.

Mit meinen Erläuterungen und Ratschlägen möchte ich Ihnen Mut machen, wieder mehr Rosen in Ihre Gärten zu pflanzen. Praktische Fotos sowie anschauliche Zeichnungen und Erläuterungen sollen den Rosenfreund ermutigen und anleiten, die erforderlichen Schritte durchzuführen. Dazu befindet sich am Ende des Buches ein Rosenkalender, der angibt welche Pflegemaßnahmen in welchem Zeitraum erforderlich sind. Da jedes Gartenjahr anders ist, kann hier auch dokumentiert werden, wann genau die einzelnen Maßnahmen durchgeführt wurden. Denn eine sachgemäße Pflege reduziert den Befall mit Blattkrankheiten und ist somit praktizierter Umweltschutz.

Möge dieses Buch dem Rosenverwender ein Ratgeber für die Zukunft sein.

Hans Heinrich Möller

1. Einführung

1.1 Geschichte und Verbreitung

Das Verbreitungsgebiet der ursprünglichen, sogenannten Wildrosen lag überwiegend auf der nördlichen Halbkugel. Während die Vorkommen in Europa und Nordamerika einmal blühend waren, gab es in Asien Arten, die mehrmals blühten. Die reine Farbe Gelb gab es ursprünglich ebenfalls nur in Asien. Auch der überwiegende Ursprung der Kletterrosen ist dort zu finden. Es waren hauptsächlich jene natürlichen Vorkommen, aus denen später neue Arten und Sorten durch natürliche Kreuzung entstanden.

Viele der damaligen Arten der Gattung *Rosa* haben auch heute noch eine große Bedeutung. Stellvertretend sind hier nur einige genannt: *Rosa canina*, *Rosa pimpinellifolia*, *Rosa rugosa*, *Rosa glauca*, *Rosa arvensis*, *Rosa pendulina*, *Rosa orientalis* und *Rosa gallica*. Schon früh nutzte man die Rose besonders in den arabischen Ländern zur Gewinnung von Rosenöl. Die Früchte der Pflanzen (Hagebutten) dienten als Nahrungsmittel oder fanden Verwendung in der Medizin. Rosen gehören zu den ältesten Kultur- und Nutzpflanzen der nördlichen Halbkugel und fanden bereits vor Jahrtausenden Eingang in den Siedlungsbereich des Menschen.

Rosa rugosa, ‚Kartoffel-' oder ‚Apfelrose', eingebürgert, aus Südost-Asien stammend.

Rosa arvensis, die heimische Acker-Rose.

Durch den Menschen wurden Rosen im Laufe der Jahrhunderte über die ganze Welt verbreitet. In botanische Gärten, Rosarien und Arboreten fanden die Rosen Eingang und dienten zur Entwicklung des heutigen, schier unerschöpflichen Sortiments. Vor allem wohlhabende Menschen entdeckten die Rose schnell für sich. So entstanden häufig an Fürstenhäusern wertvolle Rosensammlungen aus aller Welt. Stellvertretend für viele damalige Rosengärten in Deutschland möchte ich die Rosensammlung im Schlosspark Kassel – Wilhelmshöhe nennen. Hier wurden ab 1770 umfangreiche Sortimente zusammengetragen, die überwiegend aus Wildrosen bestanden. Die ersten Züchtungen in Deutschland soll es hier gegeben haben, wie die ‚Perle von Weißenstein', eine Kreuzung aus *Rosa gallica* und *rosa damascena*.

Rosen zählen zu den ältesten Nutz- und Kulturpflanzen.

Zeitgenössische Maler hielten die damalige Sortenvielfalt auf Gemälden fest. Ein großer Teil des Kasseler Sortiments wurde von Salomon Pinhas im Auftrag des Hessischen Kurfürsten Wilhelm I. gemalt. Etwas später (um 1850) wurde in Frankreich durch Kaiserin Josephine, der Gattin Napoleons, der Garten Malmison geschaffen. Der Maler Pierre-Joseph Redouté zeichnete dort etwa 400 Abbildungen von Rosen und anderen Pflanzen in hervorragender Qualität. Bis dahin bestand das Sortiment vorwiegend aus Wildrosen und Zufallssämlingen. Erst um die Mitte des 19. Jahrhunderts begannen die Rosengärtner in Frank-

Rosa centifolia, Gemälde von P. J. Redouté.

reich gezielt mit der Züchtung neuer Sorten. Bis zu den heutigen modernen und gesunden Sorten war es ein langer, beschwerlicher Weg.
In diesem kurzen Überblick möchte ich die wichtigsten Rosenarten aus aller Welt beschreiben, die maßgeblich an der Entstehung der heutigen Gartenrosen beteiligt waren. Die europäischen Rosen haben fast alle ihren Ursprung in *Rosa gallica*, der Essigrose. Sie wurde vermutlich von den Kreuzrittern aus dem Orient nach Europa gebracht. Ebenso soll von den Kreuzfahrern aus Damaskus die *Rosa x damascena* nach Europa eingeführt worden sein. Diese Art besteht aus zwei Gruppen: die einmal im Juni blühenden Sommerdamaszener und die Herbstdamaszener, die ein zweites Mal im Herbst blühen. Überwiegend sind Damascena-Sorten mit starkem Duft ausgestattet. Leider sind sie oft nicht so winterhart wie Gallica-Sorten. Die *Rosa x alba* hingegen sind sehr frosthart, langlebig und widerstandsfähig. Ihre einmal blühenden Sorten sind überwiegend weiß bis zartrosa. Durch ihr starkes Wachstum sind sie eigentlich nur für große Gärten oder Parks geeignet. Häufig ist die mehrere hundert Jahre alte Sorte *Rosa x alba* ‚Maidens Blush' in Rosarien und Parks zu finden. Rosen aus Asien sind an der Entstehung und Vielfalt der heutigen Rosensorten in einem sehr hohen Maße beteiligt. Hier seien nur stellvertretend die Sorten *Rosa moyesii* und *Rosa hugonis* genannt. Die *Rosa rugosa* hat ihre Heimat in den kälteren Bereichen Ostasiens.

Etwa ab 1850 begann in Europa die eigentliche Rosenzucht. Waren vorher zufällige Kreuzungen durch Insektenbestäubung entstanden, wurden jetzt durch die Gärtner gezielte Verbindungen unterschiedlicher Rosenarten vorgenommen. So

Rosen aus Asien sind an der Entstehung heutiger Sorten beteiligt.

Rosa gallica, als Ursprungssorte in vielen heutigen Gartenrosen vorhanden.

Rosa damascena ‚Rose de Resht', eine beliebte historische Sorte, aus Persien stammend.

Rosa alba ‚Maidens Blush', sehr winterharte, historische Sorte.

Rosa moyesii, eine bekannte, asiatische Wildrose.

entstanden viele neue Arten und Sorten, die teilweise heute noch eine gewisse Bedeutung haben. So wurden zum Beispiel zu dieser Zeit in Holland die besonders stark gefüllten und auch intensiv duftenden *Rosa centifolia* gezüchtet. Sie dienten vielen Malern dieser Zeit als Motive für Bilder, an denen sich das damalige Bürgertum erfreute und die heute noch hoch im Kurs stehen. Auch in Frankreich und England widmete man sich zu dieser Zeit der Rosenzucht. Bereits in dieser Epoche befassten sich viele Rosenzüchter mit der gezielten Auswahl der sogenannten Elternsorten. Damit wurde versucht, die positiven Eigenschaften der Eltern auf die Nachkommen zu übertragen. Einige Zuchtsorten von damals sind noch heute im Sortiment der Rosenbetriebe zu finden, die sich besonders der Anzucht von historischen Rosensorten widmen.

Rosa centifolia, ein beliebtes Motiv der Malerei. Schon um 1600 gab es bereits viele Sorten in Holland.

Weltweit befassten sich um 1970 über 1000 Betriebe mit der Züchtung neuer Rosensorten. Darüber hinaus züchten noch viele sogenannte Hobbyzüchter neue Sorten. Auf der gesamten Erde gibt es mindestens 30 000 Rosensorten, allerdings beschränkt sich das pflegeleichte Sortiment auf verhältnismäßig wenige Sorten. Zwischen Rosenzüchtern und Rosenliebhabern besteht ein erheblicher Unterschied. Obwohl beispielsweise der erste Bundeskanzler, Konrad Adenauer, als Rosenzüchter bezeichnet wurde, ist das nicht richtig. Er war ein großer Rosenfreund und hat sich intensiv mit der Pflege von Rosen in seinem Garten in Rhöndorf beschäftigt. Rosenzüchter aber kreieren durch Kreuzung verschiedener Sorten ganz neue. Dieser Aufgabe haben sich seit vielen Jahren Firmen wie Peter Lambert, Max Krause, W. Kordes Söhne, Rosen Tantau, Meilland, Noack Rosen oder Austin und Delbard verschrieben – um nur einige von unzähligen Züchtern aus Vergangenheit und Gegenwart zu nennen. Sie züchten neue Sorten für die Verwendung in Gärten und für die Floristik.

1.2 Rosenzüchtung

Viele heutige Sorten stammen aus Kreuzungen mit alten Sorten.

Um 1890 begann der Baumschuler Peter Lambert in Trier mit der umfangreichen Rosenzucht in Deutschland. Seine erste Sorte war die reinweiße Teehybride **‚Kaiserin Auguste Victoria'**, die einen starken Duft verströmt. Weitere, auch heute noch im Handel befindliche Sorten von Peter Lambert, sind **‚Frau Karl Druschki'** und die Strauchrose **‚Mozart'**. In vielen der heutigen modernen Rosen findet man diese als Elternsorten wieder. Waren frühe Züchtungen oft mit vielen Blattkrankheiten behaftet, legten Züchter aus der jüngeren Epoche der Rose gesteigerten Wert auf die Blattgesundheit, wobei wichtige Kriterien wie Farbe, Duft, Winterhärte oder Harmonie zwischen Blüte und Pflanze eine große Rolle spielten. Der Weg von der Kreuzung (Bestäubung) einer Sorte bis zur Markteinführung ist sehr lang: er kann bis zu 10 Jahre dauern. Seit die Rosenzüchter die Mendelsche Vererbungslehre intensiver berücksichtigten, ließen sich auch genetische Eigenschaften der Elternsorten besser planen.

‚Frau Karl Druschki'.

Der Rosenzüchter überlegt schon früh, welche Sorten er miteinander kreuzen möchte. Dazu sind hohes Fachwissen und eine außergewöhnliche Beobachtungsgabe erforderlich, denn mathematisch sind die eventuellen Ergebnisse nur andeutungsweise zu bestimmen. Daher wird zunächst ein Kreuzungsplan erstellt, die Bereitstellung der erforderlichen **Muttersorten (Saatträger)** und **Vatersorten (Pollenspender)** muss rechtzeitig erfolgen.

Die Kreuzungen finden fast ausnahmslos bereits im Mai in Gewächshäusern statt, in die die Elternsorten ausgepflanzt sind. Durch die höhere Wärme in den Häusern blühen die Rosen früher als im Freiland und gleichzeitig werden unkontrollierte Bestäubungen durch Insekten verhindert. Nachdem der Kreuzungsplan fertig ist und das erforderliche Material zur Verfügung steht, erfolgt die eigentliche Kreuzung. Bevor sich am Morgen die Blüten öffnen, werden die Blütenblätter vorsichtig entfernt und die männlichen Staubgefäße sauber entnommen, die Blüte wird „kastriert".

Zunächst bleiben zwei Blütenblätter stehen, dadurch erkennt der Züchter, dass die Blüte noch nicht bestäubt wurde. Als nächster Schritt wird der gesammelte Pollen der Vatersorte auf die Narbe übertragen. Dieser Vorgang kann sowohl mit dem Pinsel als auch mit dem Finger erfolgen. Wichtig ist, dass Pinsel oder Finger von Fremdpollen gereinigt sind, weil sonst

Zur Bestäubung „kastrierte" Blüte.

Bestäubte Blüten mit Vaternummer.

unkontrollierte Kreuzungen entstehen können. Dann werden die letzten beiden Blütenblätter entfernt, die bestäubte Blüte mit einem Nummernetikett der Vatersorte versehen und die erfolgte Kreuzung in ein Kreuzungsbuch eingetragen. Dadurch sind die Elternteile dokumentiert.

War die Bestäubung erfolgreich, verdickt sich nach einigen Wochen der Blütenboden und die Hagebutten wachsen heran. Bis zum Herbst reifen die Samen in den Hagebutten. Die Anzahl der Samenkörner in einer Frucht kann sehr unterschiedlich sein. Es können je nach Sorte zwischen 3 und 25 Samenkörner in einer Hagebutte vorhanden sein. Alle Hagebutten werden nach der Reife geerntet und nach gleichen Elternteilen sortiert. Danach werden die Früchte geöffnet und die Samenkörner vorsichtig herausgenommen. Die weitere Behandlung kann unterschiedlich sein. In einigen Betrieben werden die Samen direkt in ein temperiertes Gewächshaus ausgesät. In einem sandigen Substrat überwinden die Rosensamen ihre Keimruhe und im Februar bis März zeigen sich schon die ersten Keimlinge. Andere Züchter schichten die Samen nach der Ernte in ein Sandgemisch ein und überwinden so die Keimruhe. Allerdings muss darauf geachtet werden, dass die Saat nicht verkeimt, da sonst wertvolles Züchtungsgut verloren gehen kann.

Kurz nach dem Auflaufen der Sämlinge zeigen sich schon die ersten Blüten. Jetzt beginnt für den Züchtungsleiter die wichtigste Arbeit, denn jede kleine Pflanze ist ein Unikat. Und in dieser Phase beginnt bereits die Selektion der Sämlinge. Die Entscheidung ist grundsätzlich sehr schwierig, denn was einmal vernichtet wurde, kommt nicht wieder! Bei der Selektion sind hohe Kompetenz, enormer Sachverstand und auch ein Quäntchen Glück mit von der Partie.

Nur wenige Sämlinge erreichen später die Marktreife.

Bei der Züchtung wird heute streng zwischen Gartenrosen und Rosen für die Floristik unterschieden. Rosen für den Hausgarten müssen besondere Voraussetzungen erfüllen: In erster Linie muss die Rose gesundes Laub haben, über eine ansprechende Blüte verfügen, eine hohe Frosthärte besitzen und es sollte möglichst auch Duft vorhanden sein. Da diese Kriterien

Blühende Sämlinge im Mai im Gewächshaus zu Beginn der Selektion.

Das ADR-Prädikat ist sehr begehrt.

im Gewächshaus nur teilweise zu testen sind (Mehltau und Sternrußtau kommen im Gewächshaus nicht vor), müssen über mehrere Jahre weitere Tests im Freiland erfolgen.

Sorten für die Floristik werden nach ganz anderen Kriterien gezüchtet und selektiert. Hier geht es überwiegend um große, stark gefüllte Blüten. Sie müssen einen standfesten Stiel haben und Trendfarben, die der Mode entsprechen. Ebenfalls ist die Haltbarkeit der Blüten von großer Bedeutung. Diese Sorten werden ausschließlich in Gewächshäusern oder in sehr warmen Regionen der Welt produziert, wo Blattkrankheiten kaum eine Rolle spielen.

Von den verbliebenen Sämlingen werden im ersten Jahr 5 Pflanzen auf eine Rosenunterlage im Freiland okuliert, im Folgejahr geht die negative Auslese weiter. Viele der Pflanzen aus dem Vorjahr, die die Qualitätskriterien nicht erfüllen, werden vernichtet. Von den verbliebenen Pflanzen werden dann nach weiteren zwei Jahren etwa 100 veredelt. Während dieser Selektionen werden in den Züchterbetrieben seit längerer Zeit **keine Fungizide** (Pilzmittel) mehr eingesetzt. Es wird immer weiter selektiert, nach 5 bis 7 Jahren sind noch etwa 8 bis 10 Sorten verblieben, die in die engere Auswahl kommen und in den Handel gebracht werden können. Waren es zum Anfang mehrere 100 000 aufgelaufene Sämlinge, ist die Quote der tauglichen neuen Sorten nach den Prüfungen im Züchterbetrieb sehr gering.

Die namhaften Züchterhäuser Deutschlands und Europas belassen es nicht bei den Prüfungen im eigenen Betrieb, sondern senden ihre neuen Sorten zu weiteren Prüfungen ein. Z. B. zur ADR-Rosenneuheitenprüfung an 11 Standorten in Deutschland. Dies ist ein weiterer Schritt zur Verbesserung der Qualitätskriterien für den Pflanzenverwender. **Es ist die härteste Rosenprüfung der Welt!**

1.3 ADR-Rosenneuheitenprüfung

Die **Allgemeine Deutsche Rosenneuheitenprüfung** ist ein Arbeitskreis aus dem Bund Deutscher Baumschulen (BdB), den Rosenzüchtern und unabhängigen Experten als Leiter der Prüfgärten. Das Ziel der ADR-Rosenprüfung ist es, dem Verbraucher gesunde Rosen mit einem hohen Gartenwert anzubieten. Jährlich kommen viele neue Rosensorten aus den Züchterhäusern, die das bereits vorhandene Sortiment ständig vergrößern. Leider hat die Vergangenheit gezeigt, dass längst nicht alle Sorten den Anforderungen einer modernen und gesunden Pflanze gerecht werden. Um das Umweltbewusstsein der Verbraucher zu schärfen, wurde Mitte der 1950er Jahre von dem bekannten Rosen-

ADR-Zeichen, das Symbol für anerkannte, gesunde Rosen.

züchter Wilhelm Kordes II die ADR-Rosenneuheitenprüfung ins Leben gerufen.

Es gibt zurzeit 11 Sichtungsgärten in Deutschland, die alle nationalen Klimazonen abdecken. Jedes Jahr werden bis zu 50 gleiche Sorten an jeden Standort geschickt, die dann nach einheitlichen Kriterien aufgepflanzt werden. Während der dreijährigen Prüfdauer einer Sorte dürfen keinerlei Pilzbekämpfungsmittel (Fungizide) eingesetzt werden. Für jeden Sommer sind 6 Bewertungsgänge angesetzt, die, je nach Blühzeitpunkt einer Sorte, zeitlich unterschiedlich sein können.

In das Bewertungsprotokoll werden jeweils folgende Ergebnisse pro Jahr eingetragen:

ADR-Nr. 1401	**Mögliche Höchstpunktzahl Durchgänge:**		
	Maximalwert	**Erreichte Einzelwerte:**	**Durchschnitt:**
Winterhärte	1 x 5	5	5
Wüchsigkeit	2 x 5	5/4	4,5
Blütenform	2 x 10	8/8	8
Blattgesundheit	6 x 30	30/30/27/27/24/18	**26 Ø**
Reichblütigkeit	6 x 10	6/8/8/7/5/5	7,8
Blütenfarbe	2 x 10	7/7	7
Duft	6 x 5	4/4/4/4/4/4	4
Selbstreinigung	6 x 5	5/5/4/4/5/5	4,6
Gesamteindruck	6 x 20	15/15/14/14/13/14	14,16
Züchter/ Einsender		**Gesamtwertung**	**81,06 Ø**

Angaben der Züchter wie Rosenklasse, Wüchsigkeit, **Gesundheitswert 26,0 Ø und Gesamtwert 81,06 Ø**, Blütenfarbe und Unterlage ergeben automatisch das ADR-Siegel

Theoretisch wären 100 Punkte pro Sorte und Standort zu erreichen, aber die Praxis sieht natürlich anders aus. Wie deutlich zu erkennen ist, hat die Blattgesundheit den höchsten Stellenwert, dann folgen alle Werte, die mit der Blüte in Zusammenhang stehen. Nach 3 Jahren werden die Durchschnittswerte der 11 Prüfstandorte beim Bundessortenamt in Hannover zusammengeführt und daraus die Mittelwerte jeder Sorte errechnet. Es gibt festgelegte Punktzahlen, die eine Sorte nach 3 Jahren erreichen muss, um **ADR-Sorte** zu werden. Der Gesundheitswert (Blattgesundheit) muss beispielsweise mindestens 25 von 30 erreichbaren Punkten betragen. Hat der gesamte Mittelwert zwischen 75 und 100 Punkte erreicht, bekommt die Sorte das ADR-Prädikat.

In den letzten Jahren haben von 50 eingesendeten Sorten zwischen 5 und 8 das Prädikat erhalten. Es gibt aber natürlich Sorten, die das ADR-Zeichen knapp verfehlt haben, und von den Züchtern trotzdem in den Handel gebracht werden. Ihnen fehlt dann eben das für den Verwender sehr wichtige Prüfzeichen. In den Katalogen der Züchterbetriebe wird das **ADR-Logo** selbstverständlich als zusätzliches Verkaufsargument geführt. Beim Verbraucher rückt die ADR-Rosenneuheitenprüfung immer mehr in den Vordergrund, denn das Umweltbewusstsein hat richtigerweise einen sehr hohen Stellenwert.

Das ADR-Zeichen wird einer Rose nicht auf Lebenszeit verliehen. Es kann von den Züchtern zurückgegeben werden, wenn der Betrieb eine verbesserte Sorte mit ADR-Zeichen anbieten kann. Sind die Prüfer der Meinung, dass eine ADR-Sorte nicht mehr den gültigen Anforderungen entspricht, kann das Prädikat aberkannt werden. Dies erfolgt dann im Einvernehmen mit den Einsendern.

Zurzeit tragen etwa 170 Sorten von 1991 bis 2015 das ADR-Zeichen. Im Internet finden sie die gültige ADR-Sortenliste unter: **www.adr-rose.de**. Auch sind hier alle Informationen wie Sorte, Rosenklasse, Anerkennungsjahr, ADR-Nummer, Züchter/Einsender, Rosentyp, Höhe/Breite und Farbe zu finden. Verantwortungsbewusste Züchter und Versandbetriebe kennzeichnen die angebotenen Rosen in ihren Katalogen mit dem Sternesystem, in dem die Resistenzen gegen Mehltau und Sternrußtau (siehe Seite 42) mit bis zu vier Sternen gekennzeichnet sind. So kann sich der Verbraucher schon im Vorwege über die Blattgesundheit der von ihm gewünschten Sorte informieren.

2. Rosenpraxis

2.1 Vorbereitung

2.1.1 Standortwahl

Ein guter Standort ist für optimalen Erfolg entscheidend.

Die Auswahl des Standorts ist für die Rose von sehr großer Bedeutung. Ein luftiger, von der Sonne verwöhnter Platz im Garten wird von der Rose besonders geliebt. Leichte Luftbewegung lässt die Blätter der Rose schnell wieder abtrocknen und reduziert somit automatisch den Befallsdruck durch Schadpilze. Sonnenlicht ist für ein gutes Wachstum erforderlich. Etwa vier Stunden Sonneneinstrahlung am Tag reichen aus, um ein optimales Wachstum und reichlichen Blütenansatz zu bekommen. Sorten mit besonders starker Blütenfüllung benötigen mehr Sonne, damit sich die Blütenblätter in der Knospe optimal ausbilden können.

Wildrosen und ihre Abkömmlinge, die am Naturstandort oft schattig stehen, kommen mit weniger Licht aus. Die Blätter der einzelnen Rosengruppen können sehr unterschiedlich beschaffen sein. So haben Edelrosen meist große, weiche Blätter, die empfindlich gegen Sonnenbrand sein können. Anders verhält es sich bei flächendeckenden Rosen, die häufig kleinblättrig sind und kaum Probleme mit Sonnenbrand haben.

Hitzestau, wie er häufig vor hellen Mauern in Gärten und besonders an Terrassen auftritt, kann Rosen stark zusetzen. Die Steine speichern Hitze und die hellen Wände reflektieren Sonnenstrahlen. Dadurch werden häufig die Blätter von der Unterseite her verbrannt. Auch breiten sich hier leicht die schwer zu bekämpfenden Spinnmilben aus.

Tropfenfall und Wurzelkonkurrenz von hohen Bäumen und Sträuchern verkraften Rosen nicht. Die Pflanzen trocknen schlecht ab und der Befallsdruck durch Schadpilze nimmt zu. Nährstoffentzug und Schatten durch die großen Pflanzen hemmen das Rosenwachstum und fördern den Pilzbefall. Ständig **schattige Standorte,** wie die Nord- und Ostseite von Gebäuden sind für Rosen ebenfalls **nicht geeignet**.

Ungünstiger Rosenstandort: Zu schattige Lage, die Pflanzen entwickeln sich nicht optimal.

2.1.2 Bodenbeschaffenheit

Böden mit einem hohen Lehmanteil sind für die erfolgreiche Rosenkultur im Hausgarten besonders förderlich, aber nicht unbedingt Voraussetzung. Humose und lehmige Sandböden sind ebenfalls gut für Rosen geeignet. Selbst sandige Böden können durch Hilfsstoffe wie Kompost, Lauberde oder rückstandsfreien Rinder- und Pferdedung verbessert und für die Rosenkultur hergerichtet werden.

Bodenuntersuchung

Für die Rosenkultur im Garten sind Böden mit einem pH-Wert zwischen 5,5 und 7,0 ideal, man spricht von schwach sauer bis neutral. Diesen Wert kann der Gartenfreund mit einem **pH-Meter** selbst messen, aber auch anhand einer Bodenprobe in einem Bodenuntersuchungsinstitut vornehmen lassen. Hier sind stellvertretend einige Institute genannt, die Bodenuntersuchungen durchführen: **www.lufa-nord-west.de**, **www.verband-wohneigentum.de**, **www.agrolab.de**. Viele örtliche Gartencenter und Gartenfachmärkte bieten auch diesen Service an.

Anzuraten ist, in jedem Fall vor der Neuanlage eines Gartens eine Vollanalyse des Bodens vornehmen zu lassen. Das bedeutet, außer dem pH-Wert auch eine Humus- und Nährtoffeanalyse durchzuführen. Es folgt dann eine Empfehlung, wie der Boden auf den erforderlichen pH-Wert gebracht werden kann. Auch wird eine Düngeempfehlung ausgesprochen. Gerade wenn Mutterböden aus fremden Herkünften aufgefahren werden, ist das zu empfehlen. Denn man weiß man nie, was diese Böden beinhalten.

Analysen zum pH-Wert brauchen nicht jedes Jahr durchgeführt zu werden. Es reicht, wenn sie alle drei bis vier Jahre erfolgen. Beim Düngerbedarf kann man sich sehr gut an den Empfehlungen der Hersteller orientieren, später kann man auf eigene Erfahrungen zurückgreifen.

Bodenvorbereitung bei einer Neuanlage des Gartens

Bei der Neuanlage eines Gartens ist zwingend erforderlich, eine Tiefenlockerung auf 50–60 cm vorzunehmen. In der Bauphase werden die Böden in der Regel über Gebühr strapaziert, d. h. es wird mit Baufahrzeugen bei jedem Wetter das Erdreich befahren und stark verdichtet. Beim Aufbringen von Oberboden werden oft Bauschutt und sonstiger Unrat zugedeckt. Es ist dringend darauf zu achten, das Bauschutt, Steine und sonstiger Unrat vor Aufbringen von Mutterboden abgesammelt wird.

Eine ausreichende Tiefenlockerung mit Handgeräten wie Spaten und Grabegabel ist sehr kraftaufwendig und kaum machbar. Daher sollte man für die erste gründliche Lockerung einen Minibagger anmieten, mit dem der Boden bis zu einer Tiefe von 50–60 cm aufgerissen werden kann. Gleichzeitig werden Bodenschichten miteinander vermengt. Durch die grobschollige Bearbeitung erfolgt eine nachhaltig gute Bodendurchlüftung,

ph-Ansprüche wichtiger Gartenpflanzen.

Pflanze	PH 4,0	pH 4,5	pH 5,0	pH 5,5	pH 6,0	pH 6,5	pH 7,0	pH 7,5	pH 8,0
Bezeichnung	stark sauer		sauer		schw.sauer		neutral		alkalisch
Rosen				■	■	■	■		
Rhododendron	■	■	■						
Heide	■	■	■						
Rasen				■	■	■	■		
Kernobst					■	■	■		
Steinobst					■	■	■		
Beerenobst				■	■	■	■		
Laubgehölze				■	■	■			
Nadelgehölze			■	■	■				
Stauden				■	■	■			
Sommerblumen				■	■	■	■		
Hortensien		■	■						
Gemüse			■	■	■	■			

Kalk ist kein Dünger, sondern er beeinflusst den pH-Wert. Der richtige pH-Wert ist für die Erschließung der verabreichten organischen und mineralischen Dünger unerlässlich. Untersuchungen des pH-Werts sollten alle 3–4 Jahre erfolgen.

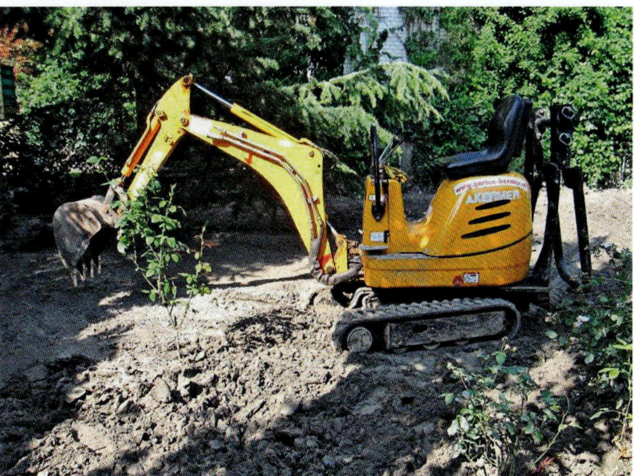

Gute Bodenvorbereitung ist der Schlüssel zum Erfolg.

Tiefenlockerung mit Minibagger beseitigt Bodenverdichtungen und verbessert die Bodenstruktur.

Sorgfalt bei der Sortenwahl erfüllt spätere Erwartungen.

die für das gute spätere Wachstum unerlässlich ist. Gleichzeitig werden Bodenschichten miteinander vermengt. Sehr wichtig ist auch, dass die Wasserführung des Bodens verbessert wird. Staunässe bekommt Rosen überhaupt nicht (das gilt für fast alle Gartenpflanzen).

Wenn die Möglichkeit besteht, sollte der grobschollige Boden im Winter einmal „**durchfrieren**". Durch den Frost entsteht eine gute, natürliche, Krümelstruktur, die sogenannte „**Frostgare**".

Bodenvorbereitung bei einem bestehenden Garten

Bei einem bereits vorhandenen Garten geht man etwas anders vor. Hier braucht man sich nur auf die Pflanzfläche zu konzentrieren. Zunächst legt man die Fläche fest, die für die Bepflanzung vorgesehen ist. Anschließend wird diese tief mit einem Spaten umgegraben, dabei werden eventuell vorhandene Steine, Wurzelunkräuter und Wurzelreste herausgesammelt. Die beim Umgraben entstandenen Schollen werden mit einer Harke zerkleinert, damit die Bodenstruktur erhalten bleibt. Der Einsatz von Bodenfräsen ist nicht anzuraten, da die schnell laufenden Fräsmesser die Struktur zerstören und es zu Verschlämmung des Bodens kommen kann.

Vor Neupflanzungen wird der Boden nicht gedüngt. Die frisch in den Boden eingesetzten Rosen müssen zunächst neue Wurzeln bilden, mit denen sie die Nährstoffe aufnehmen und nutzen können. Besonders mineralischer Dünger, der häufig als „Kunstdünger" bezeichnet wird, führt schnell zu Wurzelverbrennungen. Aber auch frisch eingebrachte organische Dünger wie Stalldung, Hornspäne und frischer Kompost können die neuen Wurzeln verbrennen. Daher erst düngen, wenn die Pflanzen eingewurzelt sind und der Austrieb im Frühjahr beginnt.

2.2 Sortenauswahl

In der Rosenpraxis wird zwischen folgenden Gruppen unterschieden:

2.2.1 Beetrosen (früher Polyantha-Rosen)

Beetrosen sind kompakt und buschig wachsende Sorten, die als Beete oder in Gruppen gepflanzt werden. Ihre Farben decken das gesamte Spektrum ab. Die Blütenformen erstrecken sich von der ungefüllten Schalenblüte bis zur dicht gefüllten ponponförmigen Blüte. Durch die meist stark ausgeprägten Dolden erscheint ein gleichmäßiges Blütenbild. Bei einigen Sorten ist erfreulicherweise auch Duft zu verspüren. Andere Sorten haben edel geformte Blüten, die in Büscheln stehen. Dieses kommt aus der Kreuzung zwischen Beetrosen und Edelrosen.

Die Wuchshöhen beginnen bei 40 cm und können bis zu 100 cm betragen. Die lang anhaltende Blütezeit kann durch entsprechenden Sommerschnitt noch intensiviert werden. Mit Beetrosen können gut strukturierte Pflanzungen erstellt werden, die als größere Fläche, aber auch als kleinere Gruppe eine optimale Wirkung erzielen.

Ein vorbildliches Rosenbeet erfreut das ganze Jahr. Hier die Sorte ‚Souvenir de Baden-Baden'

2.2.2 Edelrosen (früher Teehybriden)

Rosen dieser Gruppe zeichnen sich besonders durch edel geformte Knospen und Blüten aus. Diese sitzen meist einzeln auf kräftigen Stielen, wobei sich auch gelegentlich mehrere Blüten an einem Stiel befinden können. Es sind die klassischen Sorten, die sich besonders für den Vasenschnittt eignen. Einige, auch neuere Sorten, zeichnen sich durch intensiven Duft aus. Die Farbenvielfalt ist sehr umfangreich und lässt kaum Wünsche offen.

Die Wuchshöhen liegen zwischen 60 und100 cm. Auch hier ist Sommerschnitt sehr wichtig, um die Blütezeit zu verlängern. Edelrosen werden meist in Gruppen gepflanzt, da häufig Blumen für die Vase geschnitten werden.

2.2.3 Kleinstrauchrosen/Bodendeckerrosen

Diese Gruppe liegt im Wuchsverhalten oft zwischen Beet- und Strauchrosen. Die Blüten sitzen in Dolden und erstrecken sich von einfachen Schalenblüten bis hin zu stark gefüllten Doldenblüten. Einzelne Sorten wachsen mehr in die Breite als in die Höhe, dann werden sie häufig als Bodendecker bezeichnet. Die Abgrenzungen der einzelnen Gruppe kann man nicht klar vornehmen, die Übergänge sind einfach fließend.

Das Farbenspiel erstreckt sich über die ganze Farbpalette, wobei die Wuchshöhen zwischen 30 bis 120 cm und die Breite zwischen 30 bis 100 cm liegen können. Je nach Wuchsform und -stärke lassen sich diese Sorten sehr gut miteinander kombinieren. Sie können als Bodendecker, aber auch als kleinere Gruppen gepflanzt werden. Sorten mit langen, bogigen Trieben kann man gut über Mauern wachsen lassen.

2.2.4 Strauchrosen

Hierzu zählen alle besonders stark wachsenden Sorten, die ohne Kletterhilfen aufrecht wachsen und über genügend Stabilität verfügen. Es wird zwischen einmal und öfter blühenden Sorten unterschieden. Die einmal blühenden Sorten zeigen ihren reich-

‚Inspiration', eine sehr schöne und robuste Edelrose.

Bodendeckerrose ‚Fortuna' zusammen mit einem Stamm der gleichen Sorte gepflanzt, ergibt ein abgerundetes Bild.

Strauchrosen eignen sich für Einzelstellung oder kleine Gruppen. Hier die Sorte ‚Postillion'.

Kletterrosen wachsen an unterschiedlichen Kletterhilfen. Im Bild die Sorte ‚Bajazzo'.

lichen Flor im Frühsommer, während öfter blühende Sorten den ganzen Sommer über mit Blüten erfreuen.

Strauchrosen sind sehr unterschiedlich im Wuchsverhalten, daher muss bei der Sortenwahl besonders darauf geachtet werden, dass die Pflanzabstände ausreichend sind. Da diese Rosengruppe ebenfalls über ein großes Farbspektrum verfügt, lässt sie sich sehr gut mit Ziersträuchern oder Stauden und Gräsern kombinieren. Auch als lockere Hecken gepflanzt, eignen sich Strauchrosen hervorragend.

Verwendung der Rosen ist vielfältig.

2.2.5 Kletterrosen

Diese Rosengruppe benötigt immer eine Rank- oder Kletterhilfe, da die Triebe weich sind und keine ausreichende Standfestigkeit besitzen. Ihre Wuchshöhen beginnen ab etwa 1,50 m und erreichen durchaus 4 m. Auch hier unterscheidet man zwischen einmal und öfter blühenden Sorten.

Die große Sortenauswahl bietet für jeden Standort eine geeignete Sorte. Kletterrosen werden überwiegend an Hauswände, Pergolen oder Obelisken gepflanzt. Allerdings muss bei Pflanzungen an Hauswänden darauf geachtet werden, dass genügend Luftzirkulation vorhanden ist, damit kein Hitzestau entsteht.

2.2.6 Ramblerrosen

Besonders stark wachsende Kletterrosen bezeichnet man als Ramblerrosen. Sie können durchaus eine Wuchshöhe von bis zu 8 Metern erreichen. Ihre Triebe sind meist dünner als die der eigentlichen Kletterrosen. Die überwiegenden Sorten sind einmal blühend, dafür aber über einen Zeitraum von mehreren Wochen. Einige neuere Sorten blühen auch mehrmals.

Diese Rosengruppe eignet sich besonders gut für Hauswände, Pergolen und hohe Klettergerüste. Auch lichte Bäume, wie Scheinakazien und ältere Obstbäume sind geeignet. Durch ihre dünnen, biegsamen Triebe und die Bestachelung halten sie sich an Zweigen fest und erobern langsam die Kronen der Bäume. Anfangs sollte man die Triebe an die Bäume binden, damit sie Halt bekommen.

2.2.7 Zwergrosen

Bei dieser Rosengruppe handelt es sich um klein bleibende Sorten, die bis zu 40 cm hoch werden. Diese Sorten zeichnet ein besonders buschiger und kompakter Wuchs aus. Dadurch sind sie für kleine Flächen, Pflanzkübel und Balkonkästen geeignet.

Ramblerrosen wie *Venusta Pendula* vertragen sich gut mit lichten Bäumen.

Zwergrosen, wie hier ‚Zwergenfee' im Kübel, finden Verwendung auf engem Raum.

2.2.8 Rosenstämme

Als Stammrosen können fast alle Rosenklassen und -sorten herangezogen werden. Es ist eine besondere Kulturform von Sorten, die auf Wildstämme in unterschiedlichen Stammhöhen veredelt werden.

Rosenstämme lassen sich auch gut mit Bodendeckerrosen unterpflanzen.

2.2.9 Wild- und naturnahe Rosen

In dieser Gruppe versammeln sich die in der freien Natur vorkommenden Arten und Sorten, aber auch Züchtungen, die den Wildformen sehr nahe kommen. Der Wuchs ist überwiegend bis 2 m hoch und breit buschig. Ihre Blüten sind meist ungefüllt, daher sehr gut als Bienenweide geeignet. Den Platzbedarf sollte man nicht unterschätzen, es werden leicht 1,5 qm pro Pflanze benötigt. Diese Rosen sind besonders für Einzelstellungen, Gruppen und Hecken geeignet.

Naturnahe Rosen sind gute Bienenweiden.

Eine bekannte Wildrose ist *Rosa pimpinellifolia*, die ‚Bibernellrose'. Sie blüht schon im Mai/Juni.

Rosa damascena ‚Isfahan' war schon vor 1830 bekannt.

‚Graham Thomas', eine beliebte, duftende „Englische" Strauchrose, ist recht robust.

2.2.10 Historische Rosen

Zu dieser Gruppe werden Arten und Sorten gezählt, die es schon vor 1850 gab. Von Spezialbetrieben wird ein großes Sortiment dieser Sorten angeboten. Die Blüten sind überwiegend stark gefüllt und sehr viele Sorten duften stark. Leider ist die Blattgesundheit nicht immer zufriedenstellend, daher müssen dann Pflanzenschutzmaßnahmen durchgeführt werden. Viele Sorten sind leider nur einmal blühend.

2.2.11 Englische Rosen (Sorten mit nostalgischen Blüten)

Ab etwa 1960 kreierte der englische Züchter David Austin Sorten mit nostalgischen Blütenformen. Etliche dieser Rosen kamen den historischen Sorten in Duft, Form und Farbe sehr nahe. Sie werden allgemein wegen ihrer Blütenform als „Englische Rosen" bezeichnet. Zwischenzeitlich haben fast alle europäischen Züchterhäuser Sorten mit diesen Kriterien in ihrem Angebot. Sorten mit nostalgischen Blüten, oft auch mit Duft, werden in allen Rosengruppen angeboten

2.2.12 Rosen für die Floristik

Die heute in der Floristik verwendeten Rosensorten haben mit unseren heutigen Gartenrosen nichts gemeinsam. Sie werden ausschließlich für ihre ganz spezielle Verwendung in der Floristik gezüchtet und sind für den Hausgarten nicht geeignet. Bei dieser Rosengruppe geht es hauptsächlich um einen kräftigen Stiel und lange Haltbarkeit in der Vase. Die Farben gleichen sich häufig Modetrends an.

Der Schnitt aller Rosen ist sehr unterschiedlich zu handhaben, hierauf wird gesondert unter *Kapitel 2.4 Rosenpflege* eingegangen.

2.3 Pflanzung

2.3.1 Angebotsformen beim Kauf von Rosenpflanzen

Wurzelnackte Rosenpflanzen

Wurzelnackte Rosenpflanzen haben zurzeit noch den größten Marktanteil. Die Pflanzzeit erstreckt sich im Herbst von Anfang Oktober bis zum Frost. Im Frühjahr beginnt die Pflanzung, wenn der Boden offen, d. h. nicht mehr gefroren ist. Dann kann bis Anfang Mai gepflanzt werden.

Sollte man wurzelnackte Pflanzen nach dem Kauf nicht gleich an den vorgesehenen Standort pflanzen können, muss man sie tief einschlagen, damit die Pflanzen nicht vertrocknen. Es ist dringend anzuraten, Pflanzen bei einem Fachbetrieb in A-Qualität zu kaufen.

Wurzelnackte Rosen sind fast immer veredelte Pflanzen, die auf fremder Wurzel stehen Das bedeutet, sie wurden auf eine geeignete Unterlage veredelt.

Rosenpflanzen mit Wurzelverpackung

Lebensmittel- und Baumärkte sind meist nicht auf den Verkauf von wurzelnackten Pflanzen spezialisiert. Hier werden Pflanzen häufig nicht fachgerecht angeboten. Bei verpackten Rosen werden die Wurzeln durch ein Substrat geschützt, das durch ein mitzupflanzendes Gewebe zusammengehalten wird.

Die Angebotsformen können sehr unterschiedlich sein.

Vorsicht beim Einkauf: Häufig sind mindere Qualitäten und Sorten in der Verpackung enthalten! Durch nicht fachgerechte Lagerung sind die Rosen oft angetrocknet oder sie sind durch zu warme Lagerung schon weit ausgetrieben.

Rosen im Pflanztopf

Gelegentlich werden auch Rosen im Herbst oder Frühjahr in Pflanztöpfen angeboten. Die Pflanzen sind frisch mit fachgerecht geschnittenen Wurzeln in die verrottbaren Töpfe gesetzt worden. Dadurch ist eine sichere und lange Pflanzung möglich.

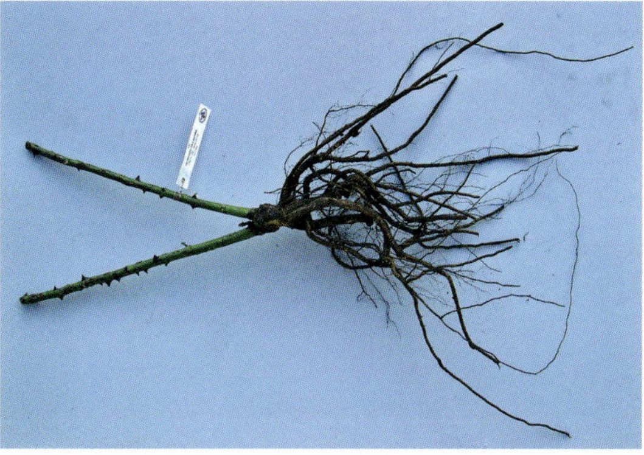

Rosen in A-Qualität müssen mindestens drei kräftige Triebe aus der Veredelungsstelle haben. Pflanzen mit nur 2 Trieben sind B-Qualität!

Rose im Pflanztopf. Hier wird die Wurzelverpackung mitgepflanzt.

Rosen im Container

Dieses ist eine neuere Angebotsform, die immer mehr an Bedeutung gewinnt. Mittlerweile liegt der Marktanteil schon bei über 50 %. In der Vegetationszeit, also ab Mai bis Oktober, wird fast das gesamte Sortiment knospig bis blühend im Container angeboten. Es handelt sich um Spezialtöpfe ab 4 l Inhalt. Diese Topfgröße wird bei Beet-, Edel- und Kleinstrauchrosen eingesetzt. Strauch-, Kletter- und Stammrosen stehen in Töpfen bis zu 10 l. Containerrosen stehen überwiegend auf fremder Wurzel, sie sind auf eine Unterlage veredelt.

Rosen mit Topfballen für den Hausgarten

Ein begrenztes Rosensortiment lässt sich auch durch Stecklinge vermehren. Die Pflanzen sind wurzelecht und stehen auf eigener Wurzel. Sie werden meist im 1,5 l-Topf angeboten und sind, bis auf Frostperioden, das ganze Jahr pflanzbar.

Rosen im Container können fast ganzjährig gepflanzt werden.

Diese Angebotsform ist meist aus Stecklingen vermehrt, daher gibt es keine Wildaustriebe.

Für den Hausgarten eignen sich längst nicht alle Topfrosen. Es dürfen hier nur Sorten gepflanzt werden, die auch als Gartenrosen geeignet sind. In Blumengeschäften werden oft Rosen in kleinen Töpfen angeboten. Diese sind ausschließlich für den Innenbereich geeignet. Pflanzt man sie in den Garten, hat man wenig Freude daran, da sie sehr schnell krank werden und verkümmern.

Mengenbedarf bei der Rosenpflanzung

Bei der praxisgerechten Rosenpflanzung werden folgende Mengen pro qm empfohlen:

Rosengruppe	Pflanzabstand Zentimeter	Bedarf Pflanzen qm
Beetrosen	ca. 40 x 40	4–6
Edelrosen	ca. 40 x 40	4–6
Kleinstrauchrosen schwachw.	ca. 50 x 50	3–4
Strauchrosen	ca. 100 x 100	1
Zwergrosen	ca. 30 x 30	7–8
Kletterrosen am Spalier	ca. 200	

2.3.2 Pflanzung wurzelnackter Rosen

Nachdem der Gartenbesitzer die Auswahl und den Einkauf der gewünschten Pflanzen getätigt hat, kann mit der Pflanzung begonnen werden. Über die Standortwahl und Bodenvorbereitung ist unter *3.1 Vorbereitung* ausführlich berichtet worden. Sollten die Rosen nicht sofort gepflanzt werden können, müssen sie eingepackt werden, sonst entstehen leicht Trockenschäden.

Fachgerechter Schnitt ist vor der Pflanzung unerlässlich.

Ab Anfang Oktober können wurzelnackte Rosen gepflanzt werden. Der Herbst ist nach wie vor die beste Pflanzzeit für Rosen. Vor der Pflanzung müssen die Triebe mit einer scharfen Schere auf etwa 25 cm zurückgeschnitten werden. Beschädigte Wurzeln müssen herausgeschnitten und die Wurzelspitzen nur etwas eingekürzt werden. Saubere und glatte Schnitte bilden schnell einen Wundverschluss (Kallus) und fördern die Wurzelbildung. Der endgültige Rückschnitt der Triebe erfolgt im Frühjahr, etwa Ende März.

Da Rosenpflanzen oft längere Zeit in Kühlhäusern gelagert werden, ist ein gewisser Feuchtigkeitsverlust erfolgt, der ausgeglichen werden muss. Dafür legt man die Pflanzen, besonders im Frühjahr, bis zu 24 Stunden in ein Wasserbad, danach erfolgt die Pflanzung.

Mit einem Spaten wird die Pflanzgrube so groß ausgehoben, dass die Wurzeln, ohne geknickt zu werden, hineinpassen. Nach unten hin muss das Pflanzloch tief gelockert sein, damit eventuelle Verdichtungen beseitigt werden.

Sorgfältige Pflanzung sichert langfristigen Erfolg.

Bei der Pflanzung gehört die Veredelungsstelle 5 cm in die Erde.

Die Veredelungsstelle muss 5 cm tief mit in die Erde gesetzt werden. Diese Stelle ist in den kommenden Jahren Frost gefährdet und muss besonders geschützt werden. Selbst in sehr starken Wintern, wenn häufig alle oberirdischen Triebe erfroren sind, erfolgt aus der Veredelungsstelle noch ein Austrieb. Das Pflanzloch wird schichtweise mit der lockeren Aushuberde verfüllt und angetreten, danach wird ein Gießrand angelegt und die Neupflanzung noch durchdringend angegossen. Es dürfen keine Dünger zugesetzt werden, da sonst leicht Wurzelverbrennungen entstehen.

Gut abgelagerter Kompost oder reifer, rückstandsfreier Stalldung kann vorher in die Pflanzfläche eingegraben werden. Leider wird in der Landwirtschaft zurzeit noch das Herbizid Simplex zur Bekämpfung von Jakobskreuzkraut eingesetzt. Dieses baut sich im Tierkörper nicht ab. Der Wirkstoff verursacht bei der Anwendung in Rosen und im Gemüseanbau Wachstumsschäden der Pflanzen.

Abschließend werden die neu gepflanzten Rosen 15–20 cm hoch angehäufelt. Dadurch wird ein Austrocknen der Triebe verhindert und im Winter ist es ein wichtiger Frostschutz. Das Anhäufeln nach der Pflanzung muss sowohl im Herbst als auch im Frühjahr erfolgen. Gerade die intensive Frühjahrssonne lässt Pflanzen, die noch nicht mit dem Boden verwurzelt sind, schnell vertrocknen.

Beet-, Edel-, Kleinstrauch- und Strauchrosen werden vor und bei der Pflanzung gleichermaßen behandelt. **Bei Kletterrosen** werden vor der Pflanzung nur die Wurzeln eingekürzt. Die Triebe kürzt man nicht ein, hier schneidet man nur beschädigtes Material heraus. Werden Kletterrosen an Hauswände gepflanzt, sollten sie etwa 50 cm von der Wand entfernt eingesetzt werden. Direkt im Wandbereich ist der Boden oft zu trocken. Die Triebe werden später an die Kletterhilfe geleitet. Diese sollte 10–15 cm Abstand von der Wand haben, damit eine gute Luftzirkulation erfolgt. Dadurch werden Blattkrankheiten im Vorwege reduziert.

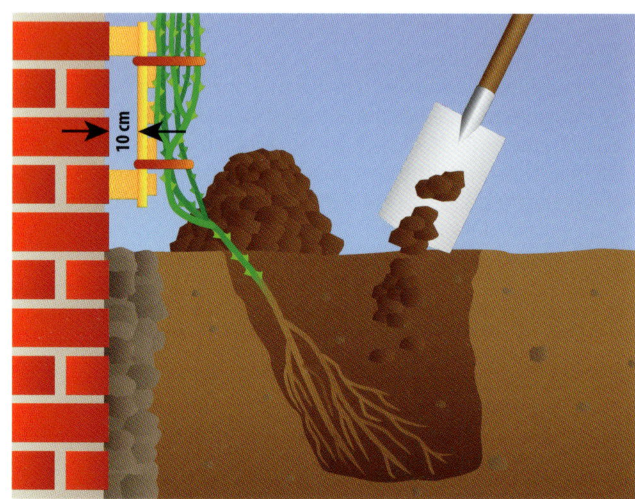

Kletterrosen werden etwa 50 cm entfernt von der Wand gepflanzt, damit die Wurzeln in feuchtem Boden stehen.

Wenn im Frühling nicht mehr mit starken Frösten zu rechnen ist, kann die Herbstpflanzung abgehäufelt und endgültig geschnitten werden. Der Rückschnitt erfolgt auf 3 bis 4 Augen pro Trieb.

Eine Faustregel sagt: **Wenn die Forsythien blühen, ist der beste Zeitpunkt für den Rosenschnitt.**

2.3.3 Pflanzung mit Wurzelverpackung und Pflanztöpfen

Bei diesen Angebotsformen kann die Wurzelverpackung, sofern sie aus Naturmaterialien besteht, mit eingepflanzt werden. Die Verfahrensweise ist wie bei wurzelnackten Pflanzen. Auch hier ist besonders darauf zu achten, dass sich die Veredelungsstelle 5 cm unter der Erde befindet.

2.3.4 Pflanzung von Containerrosen und Rosen mit Topfballen

Der Verkaufsanteil der Rosen im Container hat sich in den vergangenen Jahren erheblich vergrößert, er liegt zwischenzeitlich bei über 50 %. Ein großer Vorteil dieser Angebotsform ist die fast ganzjährige Pflanzzeit. Allerdings ist die Kernzeit von Anfang Mai bis Anfang Oktober, dann werden die Pflanzen überwiegend blühend oder knospig angeboten. Dadurch ist die Auswahl für den Kunden oft einfacher. Ein großer Vorteil ist weiter ein gut durchwurzelter Ballen, der das problemlose Weiterwachsen gewährleistet. Diese. Angebotsform ist ziemlich problemlos, doch auch hier müssen gewisse Regeln beachtet werden.

Die Pflanzflächen werden wie bei wurzelnackten Rosen tiefgründig vorbereitet. Vor der Pflanzung müssen die Containerballen ausgiebig gewässert werden. Dafür taucht man sie in ein Gefäß mit Wasser, bis keine Luftblasen mehr aufsteigen. So sind die Pflanzen für die nächsten Tage ausreichend mit Wasser versorgt. Mit einem Spaten wird die Pflanzgrube in doppelter Größe des Ballens ausgehoben und dabei auf eine zusätzliche Tiefenlockerung geachtet.

Rosen im Container wachsen problemlos weiter.

Der Container wird nun vorsichtig abgezogen, damit der Ballen nicht zerstört wird. Anschließend setzt man die Pflanze in das dafür vorgesehene Pflanzloch. Sollte der Wurzelballen verfilzt sein, müssen die Wurzeln mit einem scharfen Messer an mehreren Stellen durchtrennt werden. Das fördert die Bildung neuer Wurzeln. Dabei ist darauf zu achten, dass die Veredelungsstelle auch hier 5 cm in der Erde ist. Abschließend wird ein Gießrand geschaffen und die Pflanze gut angegossen. Da Containerrosen im Sommer voll im Laub stehen, ist der Wasserbedarf hoch. Frisch gepflanzte Rosen müssen zunächst einwurzeln, bevor Feuchtigkeit aus dem Boden entzogen werden kann. Es ist daher in den ersten Wochen nach der Pflanzung darauf zu achten, dass die Wurzelballen nicht austrocknen. Das heißt, es muss bei Bedarf gewässert werden.

Bei der Sommerpflanzung von Rosen aus Containern oder Topfballen erfolgt kein Rückschnitt. Die Pflanzen sind ja voll in Laub und Blüte. Sollten bei der Pflanzung einmal weiche Triebe abgeknickt sein, werden diese mit einer scharfen Schere abgetrennt.

Rosen mit Topfballen sind meist wurzelecht aus Stecklingen vermehrt, sie stehen auf *eigener Wurzel*. Es handelt sich meist um schwächer wachsende Sorten, die mit 1,5 l Inhalt angeboten werden. Sie eignen sich besonders zur Schalen-, Kübel – und Balkonkästenbepflanzung. Der Vorteil wurzelechter Sorten besteht darin, dass sie keine Wildaustriebe haben. Nachteilig wirkt

Containerrosen müssen auch ca. 2 Wochen nach der Pflanzung gewässert werden.

Bei Containerrosen gehört die Veredelungsstelle 5 cm in die Erde.

Auch bei wurzelechten Rosen wird die Basis der Pflanze 5 cm in die Erde gepflanzt.

Bei der Pflanzung einer Stammrose muss direkt ein robuster Stab gesetzt werden, der bis in die Krone reicht.

sich manchmal das anfänglich etwas geringere Wurzelvolumen aus. Gerade nach der Pflanzung muss bei wurzelechten Pflanzen auf ausreichende Wasserversorgung geachtet werden. Die Pflanzen müssen so tief eingesetzt werden, dass die Basis der Pflanzen auch 5 cm mit in die Erde kommt. Dadurch werden spätere Frostschäden weitestgehend vermieden.

2.3.5 Pflanzung von Stamm- und Kaskadenrosen

Bei Stammrosen handelt es sich um eine besondere Kulturform unserer Gartenrosen. Während strauchartig wachsende Rosen auf den Wurzelhals eines Wildlings veredelt werden, sind bei Stammrosen besonders vorkultivierte Unterlagen erforderlich. Die Stammhöhen erstrecken sich von 60 cm (Halbstämme) über 90 cm (Hochstämme) bis zu 140 cm (Kaskadenrosen).

Stammrosen müssen sorgfältig angebunden werden.

Die Bodenvorbereitung ist wie bei allen anderen Rosen vorzunehmen. Vor der Pflanzung wurzelnackter Stammrosen erfolgt der Pflanzschnitt der Wurzeln, die Kronentriebe bleiben bei der Herbstpflanzung unberührt. Der Rückschnitt erfolgt erst im Frühjahr.

Die Pflanzgrube wird entsprechend großzügig ausgehoben, damit die Wurzeln bequem hinein passen. Alle Stammrosen benötigen zur Stabilisierung einen kräftigen Stab. Dieser sollte so lang sein, dass er tief genug in der Erde steckt und oben noch in die Krone hineinragt, um diese später vor Windbruch zu schützen. Möglichst robustes Material verwenden, damit eine lange Haltbarkeit gewährleistet ist.

Stammrosen im Container können, wie alle Containerrosen, ganzjährig gepflanzt werden, die Verfahrensweise ist gleich. Bei der Herbstpflanzung kann man die Kronen noch herunter legen, das bedeutet, dass Stamm und Krone mit Erde bedeckt werden. Das ist der beste Frostschutz für die Pflanzen.

Aber Vorsicht: Die Stämme sind empfindlich und können leicht brechen!

2.3.6 Rosen in Kübeln und anderen Pflanzgefäßen

Bedingt durch immer kleiner werdende Grundstücke, geht der Trend häufig zu mobilen Gärten. Die Auswahl an Pflanzgefäßen ist fast unerschöpflich. Von Holz- über Kunststoffkübel bis hin zu frostfester Keramik und Terracottagefäßen wird eine große Vielfalt angeboten. Je größer die Pflanzgefäße sind, umso länger können die Rosen darin verbleiben. Im Minimum sollte das Erdvolumen der Kübel den dreifachen Erdinhalt der hin einzupflanzenden Rosen betragen.

Für die Bepflanzung von Kübeln sollten möglichst Rosen im Container oder mit Topfballen verwendet werden, da sie direkt weiter wachsen. Wurzelnackte Pflanzen benötigen lange Zeit zur Entwicklung. Auf Kombinationen mit Stauden und Rosen sollte man verzichten, da diese Pflanzen vom Nährstoff- und Wasserbedarf oft nicht zusammenpassen. Rosen benötigen mehr Nährstoffe als Stauden, so würden die Stauden bei gleicher Versorgung mit Dünger die Rosen überwuchern.

Rosen in Kübeln eignen sich besonders für mobile Gärten.

Im Sommer müssen Rosen in Kübeln regelmäßig mit Nährstoffen und Wasser versorgt werden. Die Überwinterung gestaltet sich häufig schwierig. Die Behälter dürfen nicht längerfristig durchfrieren. Durch Verpacken mit Noppenfolie oder Einpacken in Laub schützt man die Behälter gegen Durchfrieren. Gegen Sonneneinstrahlung werden die Pflanzen mit Nadelholzreisig geschützt. Wichtig ist während der Überwinterung ein windgeschützter Standort.

2.3.7 Können Rosen nach Rosen gepflanzt werden?

Rosen sollten nach Rosen nicht ohne Bodenaustausch gepflanzt werden.

Immer wieder wird die Frage gestellt, ob Flächen, auf denen Rosen gestanden haben, direkt wieder mit Rosen bepflanzt werden können. Ein Rosenbeet kann über mehrere Jahrzehnte den Gartenbesitzer erfreuen, ohne dass es nennenswerte Probleme gibt. Müssen die Pflanzen allerdings gerodet werden, beginnen die Schwierigkeiten mit der sogenannten Bodenmüdigkeit. Die Baumschulforschung befasst sich seit vielen Jahren mit dieser Thematik, doch leider liegen noch keine endgültigen Ergebnisse vor. Es gibt unterschiedliche Theorien. Fest steht, dass bei der Rodung alter Rosenpflanzen Wurzelreste im Boden verbleiben und diese wirken bei ihrer Umsetzung toxisch auf frische Wurzeln. Frisch gepflanzte Rosen leiden dann unter Kümmerwuchs und sind nachhaltig in der Entwicklung gestört. Diese Symptome treten besonders stark bei leichteren Sandböden auf. Schwere Lehmböden haben ein größeres Pufferungsvermögen. Hier sind die Mangelerscheinungen nicht so stark.

Grundsätzlich können in den ersten 5 bis 8 Jahren ohne Bodenaustausch keine Rosen wieder an die gleiche Stelle gepflanzt werden. Sind keine Wechselflächen im Garten vorhan-

Tagetes können zur Bekämpfung von frei lebenden Fadenwürmern (Nematoden) im Boden eingesetzt werden.

Wenn die Forsythien blühen, ist der beste Zeitpunkt für den Frühjahrsschnitt.

den, muss **Bodenaustausch** durchgeführt werden. Dazu hebt man das Beet bis zu einer Tiefe von 50 cm aus und verfüllt den Bereich wieder mit Gartenboden, auf dem noch keine Rosen gestanden haben.

Durch reifen Kompost und Zusätze aus Urgesteinsmehl wird der Boden mit Mineralstoffen und Kalk angereichert. Dadurch wird die Entwicklung der Bodenlebewesen gefördert.

Ist der Bodenaustausch zu mühsam, können die abgeräumten Beete mehrere Jahre über Sommer mit ***Tagetes erecta*** oder ***Tagetes patula*** eingesät werden.

Das Kraut wir nach der Blüte in den Boden eingearbeitet, da durch seine Inhaltsstoffe frei lebende Fadenwürmer (Nematoden) im Boden reduziert werden.

2.4 Rosenpflege

2.4.1 Pflege im Frühjahr

Eine der wichtigsten Maßnahmen bei der Rosenpflege im Frühjahr ist der fachgerechte Rückschnitt der Pflanzen. Sind im Herbst vor dem Anhäufeln nur die langen Triebe eingekürzt worden, erfolgt im Frühjahr der endgültige Pflegeschnitt. Häufig brennt es dem Rosenfreund an sonnigen und warmen Tagen unter den Nägeln, mit dem Rückschnitt zu beginnen. Aber die Vergangenheit hat oft gezeigt, dass bis Mitte April durchaus noch mit kräftigen Frösten zu rechnen ist. Ein guter Anhaltspunkt ist: **Rückschnitt, wenn die Forsythien blühen**. Forsythien, als einer der bekanntesten Frühjahrsblüher, öffnen ihre Blüten erst, wenn nicht mehr mit starken Frösten zu rechnen ist.

Qualitativ hochwertige und gut geschärfte Rosenscheren sind wichtig für einen sauberen Rückschnitt.

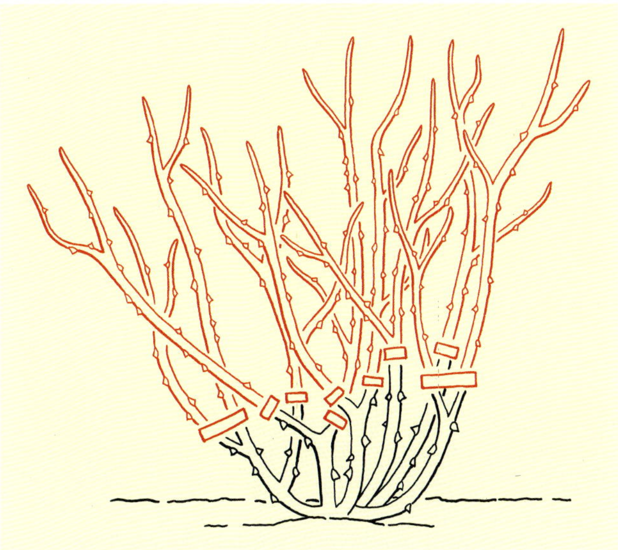

Durch Rückschnitt bis auf 3–4 Augen pro Trieb werden kompakte Pflanzen erzielt.

Zu dieser Zeit beginnt oft schon der erste Austrieb der Rosen. Bereits jetzt ist zu erkennen, welches Holz den Winter ohne Frostschäden überstanden hat. Ist das Mark der Triebe beim Rückschnitt weißlich, so sind keine Frostschäden vorhanden. Ist das Mark jedoch braun, sind Schädigungen vorhanden und der Rückschnitt muss tiefer erfolgen.

Als klare Grundregel beim Rückschnitt gilt:
Starker Rückschnitt = starker Austrieb
Schwacher Rückschnitt = schwächerer Austrieb
Voraussetzung dafür ist, dass eine ausgewogene Düngung erfolgt ist und die Bodenpflege optimal durchgeführt wurde.
Als Werkzeug dient eine gut geschärfte Rosenschere.

Rückschnitt von Beet-, Edel-, Zwerg- und Kleinstrauchrosen

Diese Gruppen sind im Wuchsverhalten ziemlich ähnlich, daher kann im Arbeitsablauf

gleich verfahren werden. Zunächst wird der Winterschutz entfernt. Die Eindeckung mit Reisig wird heruntergenommen und in die biologische Weiterverwendung gegeben. Die zwischen den Pflanzen befindliche Erde wird vorsichtig herausgenommen, dabei muss darauf geachtet werden, dass die schon vorgetriebenen Augen nicht abgebrochen werden.

Je jünger die Pflanzen sind, desto kürzer können sie zurückgeschnitten werden.

In jedem Fall muss auf die Stellung der Augen geachtet werden. Sie sollten möglichst nach außen zeigen. Dadurch wird

Sorgfältiger Pflegeschnitt im Frühjahr ist wichtig.

ein breit buschiger Wuchs erzielt. Pro Grundtrieb sollten 3–4 Augen stehen bleiben. Der Schnitt erfolgt etwa 1 cm über dem Auge. Bleiben die Zapfen länger, können sie zurück trocknen und Eintrittspforten für Pilzerkrankungen sein. Wird zu kurz über dem Auge geschnitten, können diese vertrocknen. Ob der Schnitt gerade oder leicht abgeschrägt erfolgt, ist unerheblich. Gesundes und vitales Holz verheilt sehr schnell.

Grundsätzlich ist keine Pflanze wie die andere, jedem Exemplar sollte man eine kurze, gesonderte Aufmerksamkeit widmen.

Kleinstrauchrosen, zu denen auch Bodendeckerrosen zählen, werden weniger kräftig zurück geschnitten. Die Triebe werden jährlich bis auf 25 bis 30 cm eingekürzt und überaltertes Holz heraus geschnitten. Es wird häufig empfohlen, Bodendeckerrosen mit der Heckenschere zu schneiden. Bei großen Flächen, z. B. im öffentlichen Grün, ist es sicher möglich, aber im Hausgarten sollte der individuelle Schnitt mit der Rosenschere erfolgen.

Rückschnitt von Strauchrosen

Bei dieser Rosengruppe wird zwischen **einmal blühenden** und **öfter blühenden** Sorten unterschieden. Wie der Name sagt, zeigen die einmal blühenden Sorten im Frühsommer ihren meist überragenden Flor. Diese Sorten blühen nicht am einjährigen Holz, sondern an den diesjährigen Kurztrieben. Das einjährige Holz ist im vorherigen Jahr gewachsen, während das diesjährige Holz aus den Kurztrieben des Frühjahrs besteht, an denen sich die Blüten bilden. Deshalb dürfen einmal blühende Sorten nicht im Frühjahr im unbelaubten Zustand geschnitten werden. Es wird sonst sehr leicht blühfähiges Holz entfernt. Somit erfolgt der Auslichtungsschnitt nach der Blüte im belaubten Zustand.

Im Frühjahr darf nur vergreistes und abgestorbenes Holz herausgeschnitten werden, um Platz für vitale Neutriebe zu schaffen. Öfter blühende Sorten zeigen während des ganzen Sommers ihren für sie typischen Flor.

Einmal blühende Strauchrosen werden im belaubten Zustand nach der Blüte im Frühsommer geschnitten.

Im Frühjahr können diese Sorten um 2/3 der Länge zurückgeschnitten werden, sie blühen am diesjährigen Holz. Durch den starken Schnitt wird ein buschiger Habitus erreicht.

Bei **öfter blühenden Strauchrosen** muss auf ein ausgewogenes Verhältnis zwischen älteren Trieben (4 bis 5 Jahre alt) und jüngeren Trieben geachtet werden. Regelmäßig sollten Strauchrosen verjüngt werden. Alle 2 bis 3 Jahre sollten alte Triebe bodennah herausgenommen werden.

Pflegeschnitt an Kletterrosen

Hier ist es ähnlich wie bei den Strauchrosen. Es gibt einmal blühende und öfter blühende Sorten. Da die Triebe der Pflanzen fast immer an Rank- und Kletterhilfen befestigt sind, ist die

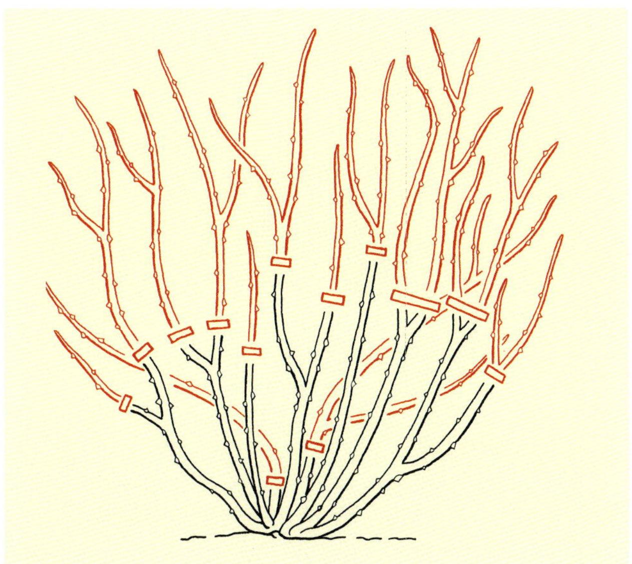

Öfter blühende Strauchrosen werden zur Blütezeit der Forsythienzurückgeschnitten.

Einmal blühende Kletterrosen werden ebenfalls nach der Blüte ausgelichtet.

Verfahrensweise etwas aufwendiger. Um die für die einzelne Sorte erforderliche Schnittmethode anzuwenden, sind gute Sortenkenntnisse erforderlich.

Einmal blühende Sorten werden unmittelbar nach der Blüte geschnitten. Dabei wird abgeblühtes Holz entfernt. Im Sommer haben die Rosen noch genügend Zeit, junge Triebe zu entwickeln, die bis zum Herbst verholzen. Diese werden dann im kommenden Frühjahr zu **einjährigen Triebe.** Aus ihnen entwickeln sich ab Mai **Kurztriebe**, an denen die Blüten entstehen. Schneidet man einmal blühende Sorten im zeitigen Frühjahr, so wird sehr leicht blühfähiges Holz entfernt. Abgestorbene und vergreiste Triebe können selbstverständlich im unbelaubten Zustand entfernt werden.

Öfter blühende Kletterrosen zeigen ihren Flor am diesjährigen Trieb, als auch an den Kurztrieben des vorjährigen Holzes. Bei öfter blühenden Sorten empfiehlt sich ein kräftiger Schnitt, denn nur wüchsiges Material bringt auch viele Blüten. Häufig müssen Triebe von den Kletterhilfen gelöst werden, damit ein intensiver Schnitt erfolgen kann. Junge Langtriebe bleiben stehen. Sie werden nur an den Spitzen eingekürzt und dann wieder an die Kletterhilfen geleitet. Wenn möglich, sollten die Triebe waagerecht geleitet werden, dann bilden sich viele blühfähige Kurztriebe. Verholzte Kurztriebe werden bis auf die Hälfte zurückgeschnitten. Überaltertes Holz von mehr als 5 Jahren wird jedes Frühjahr herausgenommen.

Beim Schnitt von Strauch- und Kletterrosen ist zu beachten, ob diese einmal oder öfter blühend sind.

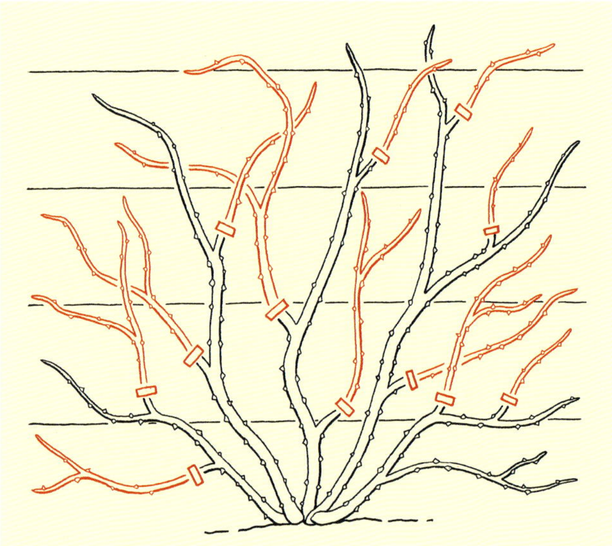

Öfter blühende Kletterrosen werden nach dem Winter ausgelichtet.

Ramblerrosen benötigen nur in den ersten Jahren einen Pflegeschnitt, später ist meist kein Schnitt mehr möglich.

Auch bei Kletterrosen ist auf ein gutes Verhältnis zwischen älterem und jüngerem Holz zu achten. Hier können gelegentlich ältere Triebe bodennah entfernt werden, damit junges Holz nachwachsen kann.

Als Bindematerialien sollten nur dehnbare Materialien wie Hohlschnüre aus Kunststoff verwendet werden, die nicht einschnüren.

Pflegeschnitt der Ramblerrosen

Da es sich bei dieser Gruppe um besonders kräftig wachsende Kletterrosen handelt, ist der Pflegeschnitt wie bei diesen vorzunehmen. Es handelt sich hierbei um dünntriebige Sorten, die überwiegend einmal blühend sind. Daher sind gute Sortenkenntnisse erforderlich, um durch richtigen Schnitt eine optimale Blüte zu erreichen. In den ersten 3 bis 4 Jahren nach der Pflanzung sollte durch starken Rückschnitt für eine kräftige Entwicklung der Pflanzen gesorgt werden. Während dieser Zeit sollten die Pflanzen an ihre Kletterhilfe geleitet werden. Haben Ramblerrosen erst eine gewisse Höhe erreicht, ist ein Pflegeschnitt kaum noch möglich. Die weitere Entwicklung erfolgt dann meist selbständig.

Pflegeschnitt der Rosenstämme

Stammrosen haben eine Stammhöhe von 60 bis 90 cm. Fast alle Rosentypen lassen sich auf Stämme veredeln. Je nach Sorten und Wuchsleistung stehen sie auf unterschiedlichen Stammhö-

Die Kronen von Stammrosen sollten durch kräftigen Schnitt unbedingt kompakt gehalten werden.

hen. Zwergrosen stehen meist auf 60 cm Halbstämmen, während Beet-, Edel- und Kleinstrauchrosen auf 90 cm Hochstämme veredelt sind.

Als Erstes wird der Winterschutz entfernt. Danach wird auf 2 bis 3 Augen pro Trieb eingekürzt. Abgestorbenes und zu dünnes Holz wird ganz heraus genommen. Ziel ist es, durch kräftigen Rückschnitt, die Krone kompakt und buschig zu halten.

Pflegeschnitt der Kaskadenrosen

Bei Kaskadenrosen handelt es sich um Kletterrosen oder stark wachsende Bodendeckerrosen, die auf Stammhöhen von 140 cm und mehr veredelt wurden. Da die Pflanzen einen stark überhängenden Wuchs haben, werden sie auch als Trauerrosen bezeichnet. Auch hier wird zunächst vorsichtig der Winterschutz entfernt, bevor der Schnitt erfolgt. Dieser beschränkt sich auf das für die Sorten typische Auslichten der Pflanzen. Es werden nur schwache und überalterte Triebe entfernt, dabei sollte der Wuchscharakter der Sorte erhalten bleiben.

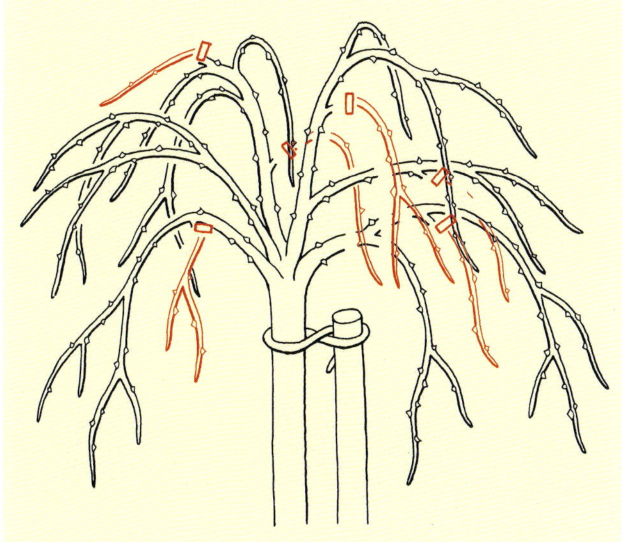

Kaskadenrosen/Trauerrosen werden nur leicht ausgelichtet.

Wild- und naturnahe Rosen

Diese Sorten sind überwiegend einmal blühend, sie werden im Februar bis März ausgelichtet. Niedrige Sorten wie *Rosa nitida* und *Rosa rugosa* werden gerne als Hecken gepflanzt und können jährlich auf 30 bis 40 cm zurückgeschnitten werden. Stark wachsende, aus Sämlingen vermehrte Sorten, können auch alle 3 bis 4 Jahre auf den Stock gesetzt werden. Sie werden dann bodennah zurückgeschnitten. Veredelte Sorten werden, wie einmal blühende Strauchrosen, nach der Blüte geschnitten.

Durch die meist ungefüllten Schalenblüten dienen diese Sorten als hervorragende Nahrungsquelle für Insekten. Hagebutten sind häufig eine besondere Zierde und dienen als Winterfutter für Vögel. Bedingt lassen sich Hagebutten auch in der Küche verwenden.

Naturnahe Rosen zieren häufig durch Hagebutten. Hier die Sorte *Rosa glauca*.

Schnittmaßnahmen sollten möglichst nur bei abgetrockneten Böden erfolgen, da sonst Bodenverdichtungen entstehen, die schwer zu beheben sind.

Hygienemaßnahmen nach dem Schnitt und im Sommer

Schneidewerkzeuge müssen regelmäßig gesäubert und desinfiziert werden.

Schnittabfälle und heruntergefallenes Laub sind häufig mit Pilzsporen durchsetzt und gehören nicht auf den Kompost. Falls nicht die Möglichkeit besteht, sie auf dem eigenen Grundstück zu verbrennen, gehören diese Abfälle in die Müllverbrennung. Ebenso müssen Werkzeuge wie Scheren, Messer und Sägen regelmäßig gereinigt werden. Die Klingen werden mit Spiritus abgerieben und danach kurz in kochendes Wasser getaucht. Dadurch werden vorhandene Schadorganismen abgetötet. Im gut sortierten gärtnerischen Fachhandel sind Produkte für die Desinfektion von Schnittwerkzeugen erhältlich.

2.4.2 Düngung in Frühjahr und Sommer

Unmittelbar nach dem Frühjahrsschnitt sollte die Düngung der Rosen vorgenommen werden. Der Garant für ein optimales Wachstum und eine reiche Blüte ist eine ausgewogene Pflanzenernährung. Wir unterscheiden zwischen organischer und mineralischer Düngung.

Zur den organischen Düngern zählen rückstandsfreier abgelagerter Stalldung, reifer abgelagerter Kompost, Hornspäne, getrockneter Rinder- oder Geflügeldung sowie diverse Kombinationen aus tierischen und pflanzlichen Produkten, z. B. *Oscorna-Animalin*.

Mineralische Dünger sind in der Praxis sogenannte Mehrnährstoffdünger. Sie bestehen aus den Kernnährstoffen Stickstoff, Phosphor und Kali, die von allen Pflanzen zum Wachstum benötigt werden. Darüber hinaus sind viele Kombinationen noch mit Mikronährstoffen, den für Pflanzen wichtigen Spurenelementen, angereichert. Stickstoff dient dem Längenwachstum und der Blattentwicklung, Phosphor fördert den Blüten- und Fruchtansatz, während Kali die Holzausreife stärkt. Das Nährstoffverhältnis kann je nach Produkt unterschiedlich sein. Im Durchschnitt liegt es bei 15–20 % N, 8–12 % P, 10–16 % K. Es sind auch phosphatfreie oder -arme Produkte im Handel, da Phosphor häufig mehr als reichlich im Boden vorhanden ist.

Darüber hinaus bietet der Handel diverse **Mischprodukte** an, die **aus organischen und mineralischen Grundstoffen** bestehen. Ihre Einsatzzeit beginnt ab Februar.

In der Wirkungsweise sind organische und mineralische Dünger unterschiedlich. **Organische Dünger** brauchen zur Entfaltung ihrer Wirkung eine längere Vorlaufzeit, da sie von Mikroben, den Bodenbakterien, umgesetzt und für die Pflanze nutzbar gemacht werden. Aus diesem Grund können sie ab Oktober beim Aufhäufeln mit in den Boden eingebracht werden. In der kalten Jahreszeit sind Bodenbakterien inaktiv, die Umsetzung ruht. Zum Wachstumsbeginn ab Mitte April stehen die Nährstoffe der Pflanze zur Verfügung. Sie reichen aber nicht für die nachfolgende Wachstumsperiode. Daher muss im

Zeitliche Nährstoffversorgung bei Rosen

Dünger	Januar	Februar	März	April	Mai	Juni	Juli	August	September	Oktober	November	Dezember
Organische Formen	Stalldung									Stalldung		
	Kompost									Kompost		
	Hornspäne									Hornspäne		
Mischprodukte organisch-mineralisch		Organischer Volldünger tierisch – planzlich										
		Trockner Geflügelmist mit Mineralzusätzen										
		Rosen-Spezialdünger										
Mineraldünger Kurzzeitwirkung			Mehrnährstoff			Mehrnährstoff			Kali			
Mineraldünger Langzeitwirkung			Mehrnährstoff			Mehrnährstoff			Kali			

Es sind keine Produkte namentlich genannt, da viele Erzeugnise von unterschiedlichen Herstellern angeboten werden.

April trotzdem nachgedüngt werden. Hier kann gut ein Mehrnährstoffdünger auf Langzeitbasis mit 75 % der empfohlenen Aufwandmenge verwendet werden. Dann reicht die Nährstoffversorgung für die gesamte Vegetationszeit.

Frisch gepflanzte Rosen dürfen nicht gedüngt werden, sie müssen zunächst gut einwurzeln.

Mineralische Dünger können vor oder nach dem Abhäufeln und dem Rückschnitt der Pflanzen ausgebracht werden. Wichtig ist, dass die Dünger mit dem Erdreich vermischt werden, damit sie möglichst zügig für die Pflanzen verfügbar sind. Danach wird der Boden mit einer schmalen Grabegabel zwischen den Rosenpflanzen aufgelockert. Keinesfalls den Spaten einsetzen, da dadurch die Wurzeln stark geschädigt werden. Die Auflockerung des Bodens ist sehr wichtig, damit Bodenverdichtungen behoben werden. Besonders im Frühjahr, wenn es sehr feucht ist, wird die Bodenstruktur durch Betreten geschädigt.

Mineralische Dünger teilen sich seit einigen Jahren in zwei Gruppen auf. So werden die altbekannten, schnell wirkenden **Mehrnährstoffdünger** ebenso wie Blaukorn nach wie vor eingesetzt. Die vorhandenen Nährstoffe sind in einem hohen Maße wasserlöslich und schnell für die Pflanze verfügbar. Der Nachteil dabei ist wiederum, dass durch die Wasserlöslichkeit leichter Auswaschungen von Nährstoffen in das Grundwasser erfolgen können. Es ist ratsam, die vom Hersteller genannten Aufwandmengen bei der Startdüngung im April zu halbieren und Mitte Juni, zu Beginn der zweiten Wachstumsphase, den Rest der Aufwandmenge zu geben. Dadurch werden Nährstoffauswaschungen reduziert und eine gleichmäßige Versorgung der Rosen über die Wachstumsperiode gewährleistet.

Langzeitdünger sind so konzipiert, dass die Nährstoffe langsamer und damit gleichmäßiger über viele Monate fließen. Die empfohlene Aufwandmenge kann bei der Startdüngung im April in einer Gabe verabreicht werden. Langzeitdünger haben

Ausgewogene Pflanzenernährung sorgt für gutes Wachstum und gesündere Pflanzen.

Langzeitdünger sind etwas teurer, aber umweltschonender.

zwar einen höheren Preis, sind aber in der Handhabung einfacher und auch umweltschonender. Ein weiterer Vorteil dieser Dünger ist, dass Nährstoffe nur bei Feuchtigkeit und Wärme abgegeben werden und dadurch kaum Auswaschungen entstehen. Der höhere Preis wird durch den geringeren Arbeitsaufwand und die höhere Umweltverträglichkeit relativiert.

Die von den Herstellern genannten Aufwandmengen sollten nicht überschritten werden. Besonders bei wasserlöslichen, schnell wirkenden Düngern kommt es leicht zur Überdüngung. Die Folge sind Wurzelverbrennungen, die zum Absterben der Pflanzen führen. **Überdüngte Pflanzen haben weniger Widerstandskraft gegen Blatterkrankungen.** Ferner reifen mit Stickstoff überversorgte Pflanzen im Herbst nur unzureichend aus und erfrieren leicht. Um die Holzausreife bei Rosen zu verbessern, sollte im August/September ca. 40 Gramm/qm Kalimagnesia (Patentkali) gegeben werden.

Vorsicht! Nicht auf die Blätter streuen, dafür leicht in den Boden einarbeiten! Dieses gilt für alle Dünger. Nach dem Streuen die Blätter mit einem Besen oder einem Zweig abfegen.

Das Mulchen von Rosenbeeten

Auf Mulch sollte im Rosenbeet verzichtet werden.

Das Aufbringen von abgelagertem, rückstandsfreiem **Rinderdung** oder reifem und unkrautfreiem **Kompost** im Herbst ist von Vorteil. Dadurch wird der Humusanteil der Böden verbessert, die Unkrautbildung reduziert und der Wasserhaushalt stabilisiert.

Auf das Mulchen von Pflanzflächen mit **Rindenmulch** oder **Hackschnitzeln** sollte ganz verzichtet werden. Auch, wenn oft mit den oben genannten Vorteilen argumentiert wird, überwiegen bei diesen Stoffen die Nachteile. Ferner ist die Zusammensetzung von Hackschnitzeln sehr unterschiedlich. Es können Harze und verschiedenste Gerbsäuren darin enthalten sein, die sich negativ auf das Bakterienleben des Bodens auswirken können. Außerdem benötigen die Mikroorganismen im Boden bei der Umsetzung von Rohhumus Stickstoff, den sie sich aus den Vorräten im Boden holen. Dadurch kann sehr leicht Stickstoffmangel entstehen, der sich durch helle Blattfärbung äußert. Ferner lagern sich sehr schnell Pilzsporen aus erkrankten, abgefallenen Blättern in dem Mulchmaterial ab. Diese Sporen werden dann beim nächsten Regen auf die gesunden Blätter übertragen. Daher sollte auf Rindenmulch und Hackschnitzel in Rosenpflanzungen verzichtet werden und lieber manuelle Bodenlockerung durchgeführt werden.

Auf den Einsatz von Rindenmulch sollte in Rosen völlig verzichtet werden. Die Wirkung ist meist negativ!

Durch ständige flache Bodenbearbeitung wird das Unkraut ferngehalten und die Durchlüftung des Bodens gefördert. Ferner reduziert die lockere obere Bodenschicht die Verdunstung.

2.4.3 Pflege im Sommer

Ausreichende Versorgung mit Wasser

Nach dem fachgerechten Rückschnitt und der ausreichenden Nährstoffversorgung der Rosenpflanzen beginnt Anfang Mai das Wachstum. In dieser Zeit gibt es recht wenig zu tun. Da im Frühjahr längere Trockenperioden vorkommen können, muss auf ausreichende Wasserversorgung geachtet werden. Bei Neupflanzungen von wurzelechten, aus Stecklingen vermehrten Pflanzen ist wässern besonders wichtig. Auch frisch gepflanzte

Containerrosen müssen bis zur endgültigen Einwurzelung zusätzlich mit Wasser versorgt werden.

Grundsätzlich sollte nicht in der prallen Sonne gegossen werden. Am besten wird **zum Abend hin gewässert, aber nicht über die Blätter.** Das Wasser muss dorthin, wo es gebraucht wird, nämlich in den Wurzelbereich. Vorgewärmtes Wasser aus Vorratsbehältern ist zu bevorzugen. Aus der Wasserleitung hat es eine Temperatur von etwa 8 Grad Celsius. Wird kaltes Wasser über das Laub gegeben, führt es zu Schockreaktionen. Auch sollten Rosen möglichst mit trockenen Blättern in die Nacht gehen, um Blattkrankheiten zu reduzieren.

Der Sommerschnitt

Um den Flor der Gartenrosen über die Vegetationszeit zu verlängern, ist der Sommerschnitt unerlässlich. Auch hier unterscheidet man zwischen Sorten mit Einzelblüten und Doldenblüten.

Edelrosen haben meist Einzelblüten. Diese werden bis zum ersten gut entwickelten Auge herausgeschnitten.

Beetrosen blühen in Dolden. Zunächst schneidet man abgeblühte Einzelblüten heraus, bevor später die verblühte Dolde über dem nächsten vollwertigen Auge entfernt wird.

Bei **Edelrosen** werden nur die abgeblühten Einzelblüten bis auf das erste voll ausgebildete Auge (meistens 5 bis 7 Blätter) zurückgeschnitten.

Beet-, Kleinstrauch-, Strauch- und Kletterrosen blühen in unterschiedlich großen Dolden. Hier entfernt man zuerst die verblühten Einzelblumen, bevor die ganze Dolde abgeblüht ist und herausgeschnitten werden kann. Es wird ebenfalls bis auf das voll ausgebildete Auge (meistens 5 bis 7 Blätter) zurückgeschnitten. Wüchsige Pflanzen zeigen oft, wo diese Augen sitzen.

Möglichst nie eine Pflanze im Sommer ganz zurückschneiden. Es sollten immer genügend Blätter für den Neuaustrieb nachbleiben. Sorten, die besonders durch Hagebutten zieren, sollten im Sommer nicht geschnitten werden.

Beim Sommerschnitt sind besonders scharfe **Bypass-Scheren** wichtig, da das Holz weich und nicht ausgereift ist. Stumpfe Scheren, besonders Amboss-Scheren, verursachen Quetschwunden, die schlecht verheilen und Krankheiten fördern.

Entfernen von verblühten Rosenblüten fördert den Durchtrieb.

Wildtriebe müssen umgehend direkt an der Unterlage entfernt werden.

Hagebutten von *Rosa moyesii* haben einen hohen Zierwert, dienen aber auch als Nahrung für Vögel und andere Tiere.

Eine Bypass-Schere mit Rollgriff ist besonders schonend für die Handgelenke.

Das Entfernen von Wildtrieben

Bei niedrigen Rosen, die auf eine **Unterlage (Wildling)** veredelt wurden, können gelegentlich Wildaustriebe aus dem Wurzelbereich vorkommen. Um diese Austriebe dauerhaft zu unterbinden, muss der betroffene Wurzelbereich freigelegt werden. Nur so kann der Wildaustrieb nachhaltig entfernt werden.

Der Wildtrieb wird direkt an der Wurzel abgeschnitten. Es dürfen keine schlafenden Augen stehen bleiben, diese treiben immer wieder aus! Mit einem scharfen Messer putzt man die Schnittstelle nach, damit alle schlafenden Augen entfernt werden.

Ebenso kommt es bei Stammrosen im Wurzelbereich und unterhalb der Kronen hin und wieder zu Wildaustrieben. Im Bereich der Wurzeln legt man die Austriebe frei und entfernt sie wie bereits beschrieben. An den Stämmen schneidet man den Wildtrieb direkt weg, ohne dass schlafende Augen verbleiben.

Wildaustriebe müssen unverzüglich direkt an der Unterlage entfernt werden. Sie sind deutlich zu erkennen.

2.5 Pflanzenschutz

Mit züchterischem Einsatz und konsequenter Selektion robuster Sorten durch die bekannten Züchterhäuser konnte der Einsatz von Pflanzenschutzmitteln gegen Pilzerkrankungen in der Vergangenheit stark reduziert werden. Das geschärfte Umweltbewusstsein der Verbraucher fordert immer mehr gesunde Sorten. Aus diesem Grund werden auch verstärkt ADR-Sorten gepflanzt. **Robuste Sorten zu pflanzen ist bereits praktizierter Pflanzenschutz.** Gute Bodenpflege und praxisgerechte Düngung tragen ebenfalls zur Gesunderhaltung der Rosen bei.

Grundsätzlich wird zwischen zwei sehr unterschiedlichen Gruppen unterschieden: Tierische Schädlinge und pilzliche Schaderreger. Gegen tierische Schädlinge sind auch im züchterischen Bereich keine Lösungen zu erreichen. Hier helfen bei starkem Befall nur Bekämpfungsmaßnahmen mit zugelassenen Insektiziden. **Bevor chemische Mittel eingesetzt werden, sollte der Befallsdruck geprüft werden.**

Natürliche Feinde, z. B. von der Rosenblattlaus, sind unsere Vögel im Garten, Marienkäfer, Florfliegen und die Larven der Schwebfliegen.

2.5.1 Tierische Schädlinge

Rosenblattlaus

Rosenblattläuse sind die häufigsten tierischen Parasiten. Sie treten meist in großen Mengen auf und müssen genau beobachtet werden. Ihre Farbe ist grün bis rotbraun. Rosenblattläuse saugen an jungen Trieben und Blütenknospen, dadurch entsteht oft Krüppelwuchs. Läuse entnehmen den Pflanzen stark zuckerhaltige Pflanzensäfte, die sie häufig nicht vollkommen verarbeiten können. Oft holen sich Ameisen dann den Überschuss. Durch den klebrigen Saft siedeln sich häufig Schwärzepilze an, die Rosen unansehnlich machen und Sternrußtau fördern.

Schaffen es die natürlichen Feinde der Blattläuse nicht, diese zu vernichten, müssen die Pflanzen gespritzt werden. Mit einer 2 %igen Lösung aus Schmierseife wird man den Läusen meistens schon Herr. Setzt man 3 % Brennspiritus zu, erreicht man die Blattläuse noch besser. Bei geringem Befall können die Läuse auch mit einem scharfen Wasserstrahl heruntergespritzt werden. Reichen diese humanen Methoden nicht aus, muss man die Rosen mit einem für den Hausgarten zugelassenen Insektizid behandeln. Dabei müssen auch nachfolgende Populationen, die nach etwa 14 Tagen auftreten können, bekämpft werden.

Die Rosenblattlaus tritt häufiger an Rosen auf.

Spinnmilbe

Diese Parasiten sind sehr klein (etwa 0,5 mm) und mit bloßem Auge schwer zu erkennen. Spinnmilben treten an besonders trockenen und warmen Standorten mit Hitzestau auf. Die Tiere saugen an der Blattunterseite. Später sind gesprenkelte Einstichstellen zu erkennen, an denen sich Gespinste entwickeln.

Spinnmilben sind schwer zu bekämpfen. Der Lebenszyklus der Milben ist kurz, er liegt meist zwischen 14 und 21 Tagen. Außer einer richtigen Standortwahl hilft bei Befall nur eine 3 bis 4 mal wiederholte Behandlung mit zugelassenen Mitteln zur Spinnmilbenbekämpfung (Acarizide). Die Mittel sollten möglichst gewechselt werden, da sich sonst leicht Resistenzen entwickeln. Dabei ist die Wirkung gegen Eier, Larven und erwachse Milben zu beachten.

Sicheres Erkennen der Schaderreger ist zwingend notwendig.

Spinnmilben treten gelegentlich an ungünstigen Standorten auf.

Rosenblattrollwespe

Die Blattwespe legt ihre Eier an den Rand der Rosenblätter ab, diese rollen sich dann zum Schutz über die Larven. Der Schaden an den Pflanzen ist eher gering. Daher brauchen keine Insektizide eingesetzt werden. Es reicht, wenn gerollte Blätter abgenommen und über die Müllverbrennung entsorgt werden.

Rosentriebbohrer

Gelegentlich kommt der Rosentriebbohrer an jungen Trieben vor. Dies erkennt man, wenn plötzlich Triebspitzen welken. Bei genauer Prüfung wird häufig ein Bohrloch am Stängel festgestellt. Spritzen ist hier ebenfalls nicht erforderlich. Der befallene Trieb wird bis in das gesunde Holz entfernt und über die Müllverbrennung entsorgt.

Mit der Rosenblattrollwespe befallene Blätter werden entfernt.

Mit Rosentriebbohrer befallene Triebe werden herausgeschnitten.

Der Goldglänzende Rosenkäfer verursacht keine Schäden.

Goldglänzender Rosenkäfer

Im Sommer trifft man auf Rosenblüten gelegentlich den Goldglänzenden Rosenkäfer an. Der bis zu 2 cm lange Käfer labt sich an den Pollen und Nektarien der Blüten. In der Mittagszeit kann man ihn gut beobachten. Das Insekt steht in Deutschland unter Naturschutz, es **verursacht keine Schäden** an den Pflanzen. Der Käfer ist eher eine Bereicherung.

2.5.2 Pilzliche Schaderreger

Keine Rose ist gegen pilzliche Schaderreger völlig immun. Aber neuere, **ADR-geprüfte Sorten reduzieren den Befall** erheblich. Daher ist die Auswahl von Sorten sehr entscheidend. Ferner sind die erwähnten Kriterien bei Standortwahl, Bodenvorbereitung und Düngung enorm wichtig. Wer ein Liebhaber alter und historischer Sorten ist, kommt wegen häufiger Blattprobleme nicht an Pflanzenschutzmaßnahmen vorbei. Nur wer um die Problematik seiner Sorten weiß, kann und muss rechtzeitig gegensteuern.

Sind die Blätter erst einmal befallen, helfen Maßnahmen mit Pilzmitteln (Fungiziden) kaum noch. Daher müssen bei empfindlichen Sorten rechtzeitig Maßnahmen ergriffen werden. Sind Ende Mai die Blätter gut entwickelt, aber noch nicht voll ausgehärtet, wird vorbeugend gespritzt. Dabei sollten möglichst Kombi-Mittel eingesetzt werden, die gegen Sternrußtau, Echten Mehltau und Rosenrost wirken. Die Spritzungen müssen im Abstand von etwa 14 Tagen zweimal wiederholt werden. Dann wird der Befallsdruck stark reduziert. Sind robuste Sorten ständig dem Sporenflug von kranken Sorten ausgesetzt, kann es ebenfalls zum Befall kommen.

Es werden hier bewusst keine Produkte von Pflanzenschutzmitteln genannt, weil ständig Veränderungen bei den Zulassungsbestimmungen erfolgen. Informieren Sie sich bitte in gut geführten Fachmärkten oder bei den zuständigen Pflanzenschutzämtern über die Zulassungssituation für Pflanzenschutzmittel im Haus- und Kleingartenbereich.

Bevor Pflanzenschutzmittel eingesetzt werden, ist die Notwendigkeit zu prüfen.

Sehr wichtig: Wenden sie die Produkte immer nach den Vorgaben der Hersteller an. Gehen sie sorgsam mit den Mitteln um, beachten sie Umweltauflagen. Wechseln sie bei mehrfachem Einsatz die Wirkstoffe, damit keine Resistenzen entstehen. Greifen sie nur zu PSM, wenn keine andere Möglichkeit mehr bleibt! Beachten sie auch unbedingt die Vorgaben zum Bienenschutz auf der Verpackung:

B1 = Bienengefährlich – Mittel dürfen nicht auf blühende Pflanzen ausgebracht werden, auch nicht auf Unkräuter.

B2 = Bienengefährlich – Ausgenommen bei der Anwendung nach dem täglichen Bienenflug bis 23 Uhr.

B3 = Bienen werden nicht gefährdet – Anwendung aufgrund der Zulassung.

B4 = Nicht bienengefährlich – Anwendung bis zur höchst zugelassenen Konzentration möglich.

Sternrußtau muss mit geeigneten Fungiziden bekämpft werden.

Sternrußtau

Dieser Schadpilz tritt am häufigsten bei Rosen auf, ist oft schon im Frühsommer vorhanden und wird durch feuchtes Wetter begünstigt. Typische Symptome sind Sternförmige schwarze Flecken auf den Blättern, die zum Vergilben und zu späterem Blattfall führen. Besonders gefährdet ist nasses Laub. Befallene Blätter sind zu entfernen und über die Müllverbrennung zu entsorgen. Die Sporen überwintern im Boden und werden von dort durch Spritzwasser an die Pflanze befördert.

Wird Sternrußtau nicht bekämpft, reifen Zellen der Triebe nicht mehr aus und die Rosen sind in wenigen Monaten abgestorben. Bei gefährdeten Sorten ist Ende Mai mit vorbeugenden Maßnahmen zu beginnen. Ansonsten bei ersten Anzeichen von Befall die Spritzung mit zugelassenen Mitteln einleiten und mehrfach wiederholen.

Falscher Mehltau

Auch dieser Schadpilz kann bedrohlich für die Rose werden und mittelfristig zum Absterben führen. Der Pilz wird durch feuchtwarme Witterung und starke Temperaturschwankungen zwischen Tag und Nacht begünstigt. Typisches Schadbild: Auf den Blattoberseiten zeigen sich unregelmäßige lila-rote Flecken, während sich an der Unterseite ein grauer Pilzrasen ausbreitet. Langfristig tritt Blattfall ein. Gelegentlich kommen auch Mischinfektionen von Sternrußtau und Falschem Mehltau auf einer Pflanze vor.

Auch hier muss eine Bekämpfung spätestens bei Befallsbeginn mit zugelassenen Mitteln erfolgen. Bei Befall mit Falschem Mehltau im Fachhandel nach speziellen Mitteln gegen diesen Pilz fragen.

Falscher Mehltau muss ebenfalls mit Fungiziden bekämpft werden.

Echter Mehltau

In der zweiten Sommerhälfte, wenn die Tage heiß sind und die Nächte kühl werden, ist die häufigste Infektionszeit dieses Schadpilzes. Nur an weichen Blättern und Knospen breitet sich der Mehltaupilz aus. Diese machen dann oft einen welken Eindruck. Typisches Schadbild: Mehliger weißer Belag an jungen Blättern und Knospen. Im Gegensatz zu anderen Schadbildern

chter Mehltau muss nur bei starkem Befall behandelt werden.

Rosenrost kann aggressiv sein, muss unbedingt mit geeigneten Mitteln behandelt werden.

fallen beim Echten Mehltau die Blätter nicht ab. Hohe Luftfeuchtigkeit reduziert den Befall mit diesem Pilz.

Sofern der Befallsdruck nicht zu groß wird, ist keine Spritzung notwendig. Bei starkem Befall können zugelassene Mittel gegen Echten Mehltau eingesetzt werden.

Rosenrost

Der Rosenrost tritt nicht in allen Jahren gleich stark auf. Bei kühler und feuchter Witterung entwickelt sich der Pilz besonders. Bei mehr als 25°C Lufttemperatur keimt der Rostpilz nicht mehr. Typisches Schadbild: Rötliche Pusteln an den Blattunterseiten, die bei Reife auskeimen und Neuinfektionen verursachen. Die Pilzsporen überwintern auf dem abgefallenen Laub und verursachen im Frühjahr erneut Ansteckungen. Daher ist das abgefallene Laub einzusammeln und über die Müllverbrennung zu entsorgen.

Rosenrost muss unbedingt rechtzeitig und regelmäßig mit zugelassenen Mitteln bekämpft werden. Befallene Rosen reifen nicht aus und haben eine stark verkürzte Lebensdauer.

Bevor eine Pflanzenschutzmaßnahme eingeleitet wird, sollte abgewogen werden, ob der Befallsdruck den Einsatz tatsächlich erforderlich macht. Die von den Herstellern angegebenen Aufwandmengen und sonstige Vorgaben dürfen nicht überschritten werden. **Überdosierungen schädigen Mensch und Umwelt und sind teuer.** Die für den Hausgarten zugelassenen Pflanzenschutzmittel können im gärtnerischen Fachhandel erworben werden. Listen der zugelassenen Mittel können auch bei den Pflanzenschutzämtern der einzelnen Bundesländer abgefragt werden. Diese Listen werden ständig aktualisiert.

2.5.3 Wintervorbereitung

Optimaler Winterschutz verhindert das Erfrieren wertvoller Rosenpflanzen.

Um Rosenpflanzen gut auf den Winter vorzubereiten, ist eine ausgewogene, **fachgerechte Düngung** erforderlich. Zur Ausreife der Triebe gibt man von August bis September 40 g/qm Kalimagnesia. Ab Mitte September sollten Rosen nicht mehr geschnitten werden, um sie nicht zu neuem Wachstum anzuregen. Obwohl die Winter in den letzten Jahren scheinbar immer milder werden, kann auf Winterschutz trotzdem nicht verzichtet werden.

Edelrosen, Beet-, Zwerg- und Kleinstrauchrosen können alle nach der gleichen Methode geschützt werden. Ab Anfang Oktober wird mit dem Winterschutz begonnen. Zunächst werden die Triebe der Pflanzen bis auf etwa 30 cm zurückgeschnitten. Aus dem Nahbereich der Rosen wird Erde genommen und die Triebe damit ca. 20 cm hoch angehäufelt. In den grünen Trieben der Rosen ist viel Chlorophyll eingelagert, das kaum Verdunstungsschutz bietet, daher ist der Sonnenschutz durch Abdecken mit Erde wichtig. Rosen können zwar erfrieren, aber meistens vertrocknen sie. Als zusätzliches Abdeckmaterial können reifer Kompost oder rückstandsfreier Stallmist genommen werden. Damit ist gleichzeitig eine Bodenverbesserung eingeleitet.

Sorten mit interessanter Hagebuttenbildung lässt man wegen des Zierwerts und der Nutzung durch Vögel stehen. Besonders wenn der Boden tief gefroren ist, können als zusätzlicher Sonnenschutz die angehäufelten Beete noch mit Nadelholzreisig abgedeckt werden.

Bei **Strauch- und Kletterrosen** kann auf das Anhäufeln verzichtet werden. Wichtig ist, dass die Basis der Veredelungsstelle etwa 5 cm unter der Erde ist. Eventuell ist jedes Jahr etwas Erde in diesem Bereich anzuhäufeln. Die Triebe können als Sonnenschutz mit Nadelholzreisig oder Schilfrohrmatten geschützt werden.

Stammrosen müssen schon etwas aufwendiger geschützt werden. Frisch gepflanzte dünne Stämme und Kronen können

Anhäufeln ist der optimale Winterschutz bei Rosen.

Auch Kletterrosen sollten gegen Sonneneinstrahlung geschützt werden.

noch heruntergelegt und mit Erde bedeckt werden. Ältere, nicht mehr biegsame Stämme werden gegen Sonneneinstrahlung eingepackt.

Dafür allerdings keine Plastikfolie verwenden. Sie ist luftundurchlässig und erhöht die Temperaturen in der Verpackung. Am besten hat sich das Einpacken mit Reisig, Jute oder Gartenvlies bewährt. Die Materialien müssen die Sonne abweisen und luftdurchlässig sein.

Bei Stammrosen sollten Krone und möglichst auch der Stamm geschützt werden.

2.6 Vermehrung von Rosen

2.6.1 Aussaat

In der freien Natur vorkommende Wildrosen vermehren sich fast ausschließlich durch Samen. Die Verbreitung der Samenkörner erfolgt häufig durch Vögel oder Kleintiere. Möchte man geeignete Rosensorten generativ (geschlechtlich, durch Aussaat) vermehren, müssen die Hagebutten nach ihrer Reife im September geerntet werden. Die Früchte werden geöffnet die Samenkörner herausgeholt und das restliche Fruchtfleisch ausgewaschen. Da die einzelnen Sorten eine unterschiedliche Keimruhe haben, ist es sinnvoll die Aussaat direkt nach der Reinigung der Saat im Herbst vorzunehmen.

Das Land wird tief umgegraben, aber nicht gedüngt. In etwa 3 cm tiefe Rillen werden die Samenkörner im Abstand von etwa 2 cm eingelegt und dann festgedrückt. Die Rillen werden mit Mauersand abgedeckt. Dadurch können im Frühjahr die Keimlinge den Oberboden besser durchdringen. Mutterboden verschlämmt leicht, die Sämlinge bleiben im Boden stecken und verfaulen.

Die Keimung beginnt ab Mitte April und kann sich bis in den Sommer hinziehen. Während dieser Zeit müssen Unkräuter

Rosenwildlinge werden durch Aussaat vermehrt.

gejätet werden, die sonst die kleinen Sämlinge überwuchern. Nachdem die Pflanzen 3 bis 4 Blätter haben, erfolgt eine Düngung von 20 g/qm mit einem Mehrnährstoffdünger. Nach dem Blattfall im Oktober können die Sämlinge herausgenommen, nach Stärke sortiert und eingeschlagen werden. Im Frühjahr sind sie dann auszupflanzen.

2.6.2 Veredelung (Okulation)

Mit etwas Geschick und Übung können Rosen selber veredelt werden.

Viele Gartenfreunde möchten sich der Herausforderung stellen, selber Rosen zu veredeln. Etwas Mut und Fingerfertigkeit gehören dazu, um Augenveredelungen (Okulationen) durchzuführen.

Es müssen im Frühjahr Rosenwildlinge (Unterlagen) eingekauft werden. Folgende Unterlagen mit einem Wurzelhalsdurchmesser von 4 bis 6 oder 6 bis 8 mm eignen sich dafür:

Unterlage:	Böden:	Frosthärte:	Eignung für welche Gruppen:
Rosa canina ‚Inermis'	Alle	Gut	Alle, besonders Edelrosen
Rosa corymbifera ‚Laxa'	Alle	Mittel bis Gut	Alle
Rosa multiflora	Alle	Mittel	Beet, Strauch und Kletter

Die Unterlagen werden ab März in frisch aufbereitete, mit rückstandsfreiem Stalldung gedüngte Böden aufgepflanzt. Der Abstand in der Reihe beträgt etwa 15 cm. Dabei ist darauf zu achten, dass der Wurzelhals nicht mit in die Erde gesetzt wird. Hier wird später im Sommer das Edelauge daraufgesetzt. Nachdem die Pflanzen angetreten wurden, häufelt man den Wurzelhals mit Erde an, damit die Pflanzen nicht austrocknen. Während des Sommers ist das Unkraut zu bekämpfen.

Die Monate Juli bis August sind die beste Zeit zum Veredeln. Dann müssen auch die Edelreiser der zu veredelnden Sorten zur Verfügung stehen. Der richtige Reifegrad der Reiser ist gegeben, wenn die Blumen am Edeltrieb verblühen und die Stacheln sich ohne Probleme von der Rinde lösen lassen.

Als Edelreiser werden die Nebentriebe von der gewünschten Sorte genommen. Blätter werden bis zum Blattstiel entfernt und danach die Stacheln weggedrückt. An der Unterlage legt man den Wurzelhals frei und reinigt ihn mit einem Leinentuch. Im nächsten Schritt wird ein Auge mit dem Okuliermesser herausgelöst.

Es wird von der Spitze her begonnen, damit alle Augen genutzt werden können. Eventuell noch vorhandenes Holz löst man heraus. Dann wird mit dem Messer an der Unterlage ein T-Schnitt gesetzt, an dem die beiden Rindenflügel aufgeklappt werden. Hier wird das Auge vorsichtig eingesetzt. Oben am T-Schnitt wird die überstehende Haut des Edelauges passgenau abgeschnitten. Dann wird die Wunde mit einem Veredelungsgummi verbunden, damit das Auge an das Kambium der Unterlage gedrückt wird. Steht kein Veredelungsgummi zur Verfügung, kann auch mit Bast verbunden werden.

Das Edelreis wurde von einer veredelte Rose entnommen.

Damit die Veredelungen gelingen, ist äußerste Sauberkeit notwendig.

Wenn nach etwa zwei Wochen das eingesetzte Auge noch grün ist, hat es eine Verbindung zur Unterlage bekommen und

Aus dem Edelreis wird das Auge herausgelöst.

Das Auge ist in den T-Schnitt am Wurzelhals eingesetzt und wird verbunden.

Die Okulate werden vor Frostbeginn zum Winterschutz angehäufelt.

ist angewachsen. Über Sommer brauchen keine weiteren Maßnahmen mehr durchgeführt werden. Ab Mitte Oktober werden die Okulate als Frostschutz mit Erde angehäufelt.

Wenn im Frühjahr das Wachstum beginnt, wird abgehäufelt und die Augen freigelegt. Danach wird etwa 1 cm über dem Auge das Wild abgeworfen. Das bedeutet, mit einer scharfen Schere wird der Wildtrieb abgeschnitten und das Edelauge jetzt mit Saft versorgt. Anfang April beginnt der Austrieb der Augen. Ist der neue Trieb länger als 5 Blätter, wird er bis auf drei Blätter pinziert.

Durch das Einkürzen des Triebes verzweigt sich die junge Pflanze besser. Dieser Vorgang wird bis zu dreimal wiederholt. Im Laufe des Sommers wachsen die jungen Rosen zu kräftigen Pflanzen heran und können ab Oktober verpflanzt werden.

Wurzelechte Sorten haben keine Wildtriebe.

Zu Beginn des Wachstums wird Anfang April das Wild abgeworfen.

Nach dem Austrieb werden die Triebe 3 bis 4 mal auf 3 Blätter pinziert (eingekürzt).

2.6.3 Vermehrung durch Stecklinge

Einige Rosensorten lassen sich auch gut durch Stecklinge vermehren. Hierfür sind besonders schwächer wachsende Sorten wie Kleinstrauchrosen und kleinblättrige Beetrosen geeignet. Edelrosen bewurzeln sich in der Regel nicht so gut.

Stecklinge werden meist von Juni bis August von noch nicht ausgereiften Triebteilen geschnitten. Das bedeutet, dass die zu verwendenden Triebe noch nicht verholzt sind. Zu erkennen ist dieser Zustand daran, dass die Knospe schon Farbe zeigt und der Trieb beim Biegen nicht mehr abbricht. Voraussetzung ist aber auch, dass das Material frei von Blattkrankheiten und tierischen Schädlingen ist.

Es werden für jeden Steckling zwei Blattpaare benötigt. Der Endtrieb ist nicht brauchbar, weil die Triebteile mit Knospen und Blüten sich nicht bewurzeln. Mit einem scharfen Messer schneidet man direkt schräg unter dem unteren Auge, dann wird das

Einige Sorten lassen sich im Sommer durch Stecklinge vermehren.

ı Schalen gesteckt erfolgt die Bewurzelung im Kleingewächshaus in a. 3 Wochen.

dort vorhandene Blatt vorsichtig entfernt. Das obere Blatt bleibt in seiner ursprünglichen Größe erhalten.

Als Steckgefäße nimmt man Schalen, Anzuchtkästen mit kleinen Töpfen oder Blumentöpfe. Das zu verwendende Stecklingssubstrat wir aus 50 % Mauersand und 50 % Torf oder Kokosfasern oder Wasser haltende Schaumstoffflocken angemischt. Die frischen Stecklinge werden bis zur Hälfte in das angefeuchtete Substrat gesteckt, Vorher werden Löcher mit einem dünnen Stab vorgebohrt, um das Abbrechen der weichen Stecklinge zu vermeiden, danach werden diese fest angedrückt Die Abstände müssen groß genug sein, damit das Laub sich nicht berührt, weil sonst leicht Fäulnis entsteht.

Ist das Behältnis mit Stecklingen voll, werden diese gut angegossen. Danach spannt man eine Milchfolie locker darüber, damit ein feuchtes Kleinklima entsteht. Milchfolie ist klarer Folie vorzuziehen, da sonst leicht Verbrennungen entstehen können. Ist ein Gewächshaus vorhanden, kommen die Behälter dort hinein. Ist so etwas nicht vorhanden, reicht auch eine sonnige Fensterbank.

Bis die Bewurzelung erfolgt ist, vergehen etwa 2 bis 3 Wochen. Danach können die kleinen eigenständigen Pflanzen in größere Töpfe umgetopft werden. Haben die neuen Rosen ihren Topf durchwurzelt, können sie an den endgültigen Standort ausgepflanzt werden.

Der Vorteil stecklingsvermehrter Rosen besteht darin, dass im Gegensatz zu veredelten Pflanzen keine Wildaustriebe vorkommen können. Der Wuchs ist meist kompakter. Aber es bestehen auch kleine Nachteile. So ist das Wurzelvolumen anfangs etwas geringer, daher muss nach der Pflanzung häufiger gewässert werden. Die Wuchsleistung ist oft etwas schwächer als bei veredelten Pflanzen.

Bei der kommerziellen Vermehrung von Rosen müssen eventuelle Sortenschutzrechte der Züchter berücksichtigt werden! Die Züchtungsarbeit bei neuen Sorten erstreckt sich über 8 bis 10 Jahre. Daher ist verständlich, dass für gewerbliche Vermehrung Vermehrungsgebühren verlangt werden.
Die besagten Sorten sind meist mit einem ® in Katalogen und Schriftstücken versehen.

2.7 Begleitpflanzen

Der Kreativität der Rosenliebhaberinnen und Rosenliebhaber bei der Verwendung von Rosen sind kaum Grenzen gesetzt. Besonders die Kombination mit Stauden, Gräsern, Sommerblumen, Kleingehölzen und Kletterpflanzen bieten ungeahnte Möglichkeiten in der Gestaltung der einzelnen Gartenbereiche.

Bei der Planung und Ausführung kombinierter Pflanzungen müssen grundsätzliche Dinge berücksichtigt werden. Rosen, Stauden, Gräser, Sommerblumen, Blumenzwiebeln und Blütengehölze lassen sich sehr gut miteinander verbinden, aber auf räumliche Trennung muss zwingend geachtet werden. Zunächst sind die Wuchshöhen der einzelnen Pflanzengruppe klar zu definieren und die Anordnung entsprechend vorzunehmen. Dabei sind der Vordergrund, Mittelbereich und der Hintergrund bei der Auswahl der Arten und Sorten zu berücksichtigen.

Stauden und Rosen lassen sich gut kombinieren. Aber Vorsicht: Der Nährstoffbedarf ist sehr verschieden.

2.7.1 Stauden

Rosen und Stauden lassen sich gut kombinieren.

Stauden sollten Begleitpflanzen sein und niemals dominierend wirken. Am besten stehen die Pflanzen nicht einzeln, sondern erscheinen als Gruppen in unterschiedlichen Einheiten.

Hierbei ist es wichtig, möglichst schmalblättrige Stauden zu verwenden. Diese trocknen nach Regenperioden leichter ab und reduzieren daher den Befall mit Blatterkrankungen. Großlaubige Arten und Sorten überwuchern leicht die Rosenpflanzen. Ihre große Blattmasse wirkt sich auch optisch schnell negativ aus. Zudem steigt der Befall durch Schadpilze an den Rosen enorm.

Der Nährstoffbedarf ist sehr unterschiedlich. Während Rosen eine wesentlich höhere Versorgung mit Nährstoffen benötigen, sind Stauden mit den gleichen Mengen überversorgt. Daher muss auf entsprechende Abstände bei der Pflanzung und Düngung geachtet werden. Sonst kann es passieren, dass Stauden auch Rosen überwuchern!

Blaue und violette Komplementärfarben aus dem Bereich der Stauden und Sommerblumen eignen sich besonders in Verbindung mit Rosen. Aber auch Farben wie rot, gelb, rosa und weiß lassen sich sehr gut mit den entsprechenden Farben von Rosen kombinieren.

Hier sind stellvertretend einige Stauden genannt:

Deutscher Name	Botanischer Name	Blütenfarbe	Höhe in cm
Ähren-Ehrenpreis	*Veronica spicata*	blau – violett	30–60
Alpen-Mannstreu	*Eryngium alpinum*	tiefblau	60–80
Arzneiehrenpreis	*Veronicastrum virginicum*	blau, violett, rosa, weiß	80–100
Berg-Aster	*Aster amellus*	blau – violett	40–80
Berg-Flockenblume	*Centaurea montana*	blau	40–50
Blaue Katzenminze	*Nepeta fassenii*	violett – blau	30–60
China Wiesenraute	*Thalictrum delavayi*	lila	100–150
Feinstrahlaster	*Erigeron* in Sorten	blau, violett, rosa, weiß	50–80

Deutscher Name	Botanischer Name	Blütenfarbe	Höhe in cm
Frauenmantel	*Alchemilla mollis*	grüngelb	30–40
Glockenblume	*Campanula glomerata*	blau–violett	60–60
Große Fetthenne	*Sedum* ‚Herbstfreude'	braunrot	40–60
Hohes Eisenkraut	*Verbena bonariensis*	violettblau	80–120
Kissenaster	*Aster dumosus*-Sorten	blau, violett, rosa, weiß	20–50
Königskerze	*Verbascum* in Sorten	gelb	80–160
Purpurglöckchen	*Heuchera* in Sorten	gelb, grün, rot, rosa, weiß	20–70
Rittersporn	*Delphinium* in Sorten	blau, violett, weiß	80–180
Schafgarbe	*Achillea* in Sorten	rot, gelb, weiß	40–100
Schleierkraut	*Gypsophila* in Sorten	rosa, weiß	30–100
Sonnenhut	*Rudbeckia* in Sorten	gelb	60–200
Steppen-Salbei	*Salvia nemorosa*	blau–violett, weiß	40–70
Storchschnabel	*Geranium* in Sorten	blau, rosa, rot, rosa	20–60
Wollziest	*Stachys byzantina*	rosaviolett, Laub silber	25–40

2.7.2 Gräser

Ziergräser stellen in ihrer Verwendung den Gartenfreund in Kombination mit Rosen oft vor eine schwierige Aufgabe. Auch hier ist der Nährstoffbedarf sehr unterschiedlich. Deshalb führt die räumliche Nähe von Rosen und stark wachsenden Gräsern häufig zu Problemen.

Geraten Gräser (die erheblich weniger Nährstoffe benötigen) mit ihren Wurzeln in den Bereich der Rosen, überwuchern sie diese leicht und fördern häufig Blatterkrankungen. Daher kommt in Verbindung mit Rosen nur ein begrenztes Sortiment in Frage. Kräftig wachsende und horstbildende Gräser werden besser an einem Solitärstandort eingesetzt.

Gräser bilden durch grazile Ähren und interessante Herbstfärbung besondere Blickfänge im Garten.

Gräser und Rosen – eine tolle Verbindung.

Nachfolgend einige Gräser, die gut mit Rosen harmonieren:

Deutscher Name	Botanischer Name	Blattfarbe	Höhe in cm
Atlas-Schwingel	*Festuca mairei*	hellgrün	50–80
Federgras	*Stipa capillata*	graugrün	50–90
Lampenputzergras	*Pennisetum alop.* ‚Hameln'	graugrün	70–80
Pfeifengras	*Molinia caer.* ‚Moorhexe'	dunkelgrün	60–80
Reitgras	*Calamagrostis* ‚Karl Foerster'	grün	120–150
Ruten-Hirse	*Panicum vir.* ‚Shenandoah'	hellgrün	80–100
Schwingel	*Festuca cinerea* in Sorten	grün, blau	15–25
Weißes Reitgras	*Calamagrostis* ‚Overdam'	weißer Rand	120–150

Den Platzbedarf von Gräsern sollte man nicht unterschätzen!

2.7.3 Einjährige Sommerblumen

Durch Sommerblumen können jedes Jahr neue Effekte erzielt werden.

Mit einjährigen Sommerblumen können jedes Jahr neue Farb- und Laubkombinationen entstehen. Auch hier ist natürlich auf die endgültigen Wuchshöhen, Blüten- und Laubfarben zu achten. Ebenfalls ist die Standfestigkeit der einzelnen Arten und Sorten entscheidend um einen hohen Pflegeaufwand zu vermeiden. Pflanzungen in kleinen und mittleren Gruppen sind vorteilhaft.

Diese Blumensorten lassen sich gut mit Rosen kombinieren:

Deutscher Name	Botanischer Name	Blütenfarbe	Höhe in cm
Bartnelke	*Dianthus barbatus*	rot, rosa, weiß, zweifarbig	25–50
Garten Eisenkraut	*Verbena* Hybriden	rot, rosa, violett, weiß	20–40
Goldmarie	*Bidens ferulifolia*	gelb	15–30
Leberbalsam	*Ageratum houstonianum*	blau, weiß	10–20
Löwenmäulchen	*Anthirrhinum majus*	rot, orange, gelb, weiß	20–80
Männertreu	*Lobelia erinus*	blau, lila, rosa, weiß	10–20
Mehlsalbei	*Salvia farinacea*	blau, weiß	40–60
Schmuckkörbchen	*Cosmos bipinatus*	rot, rosa, weiß	60–100
Sonnenhut, einjährig	*Rudbeckia hirta*	gelb, orange	30–60
Sonnentaler	*Gazania* Hybriden	gelb, orange, weiß, rot	20–30
Strauchmmargerite	*Agyranthemum frutescens*	weiß, gelb	30–60
Studentenblume	*Tagetes* in Sorten	gelb, orange, rotbraun	15–100
Zinnie	*Zinnia elegans*	rot, gelb, rosa, weiß	20–80

Sommerblumen lassen sich mit Rosen sehr gut kombinieren.

2.7.4 Blumenzwiebeln

Blumenzwiebeln verfrühen die Wirkung der Rosenbeete.

Mit Blumenzwiebeln kann schon sehr früh die Wirkung der sich entwickelnden Rosenbeete unterstrichen werden. Allerdings muss rechtzeitig darüber entschieden werden, ob man Zwiebelgewächse direkt einzeln zwischen die Rosenpflanzen steckt oder ob man die Beete mit kleinen Tuffs niedrig bleibender, früh blühender Sorten unterstützt. Direkt zwischen die Rosen gesteckte, spät blühende Tulpen reifen im Laub sehr spät aus. Dadurch entsteht oft ein unschönes Bild.

Außer Tulpen eignen sich als Frühblüher noch Krokusse, früh blühende niedrige Narzissen, Zierlauch und Kaiserkronen. Diese Gattungen und Arten reifen früh aus und es verbleibt wenig störendes, welkes Laub.

Blumenzwiebeln möglichst nicht direkt zwischen Rosen stecken, da das Anhäufeln im Herbst schwierig ist. Lieber in kleine Gruppen stecken.

Besonders in Gruppen gepflanzt, entfalten sie eine sehr gute Wirkung.

Deutscher Name	Botanischer Name	Blütenfarbe	Höhe in cm
Fosteriana-Tulpen	*Tulipa fosteriana*	rot, gelb orange, weiß, gestreift	25–50
Greigii-Tulpen	*Tulipa greigiii*	rot, gelb, orange, weiß, gestreift	20–40
Kaiserkronen	*Frittilaria* in Sorten	rot, orangerot, orange, gelb	50–100
Krokus	*Krocus vernus* (und ähnliche)	blau, gelb, weiß, orange, gestreift	8–15
Narzissen	*Narcissus cyclamineus*	gelb, weiß, weiß mit orange	15–25
Seerosen-Tulpen	*Tulipa kaufmanniana*	rot, gelb, orange, weiß, gestreift	20–40
Wild-Tulpen	*Tulipa*	Wildformen alle Farben	15–30
Zierlauch	*Allium* in Sorten	blau, lila, purpur, weiß, gelb	30–120

2.7.5 Ziersträucher, Blüten- und Nadelgehölze

Zwischen diesen oben genannten Pflanzengruppen und Rosen kann es zu gelungenen Kombinationen kommen, wenn eine optimale Abstimmung erfolgt ist.

Bei der Kombination mit Gehölzen müssen besonders die Wuchshöhen abgestimmt werden.

Häufig werden endgültige Wuchshöhen sowie das Wurzelvolumen von Bäumen und Sträuchern unterschätzt. Dadurch kommt es sehr schnell zu Konkurrenzverhalten zwischen den einzelnen Pflanzengruppen. Schattenwurf und Tropfenfall von Bäumen, Wurzeldruck von stark wachsenden Ziersträuchern machen Rosen stark zu schaffen. Die Lebensdauer der Rosen reduziert sich schnell in Verbindung mit den oben genannten Gehölzarten.

Daher ist weniger oftmals mehr. Gehen sie sehr vorsichtig mit Begleitgehölzen von Rosen um. Die Auswahl von im Sommer blühenden Gehölzen, die auch in der Wuchshöhe zusammen passen, ist nicht sehr groß. So bietet sich die ausgewogene Verwendung von blühenden und immergrünen Gehölzen an.

Gehölze und Rosen ergeben ein gutes Bild. Allerdings müssen die Wuchshöhen zusammenpassen.

Auch können Ziersträucher mit interessanten Laubkombinationen eingesetzt werden. Die verwendeten Gehölze sollen als Leitpflanzen im Garten dienen und ihm die gewünschte Struktur geben.

Wichtig ist, dass die verwendeten Gehölze schnittverträglich sind, damit sie in ihrer Ausdehnung eingeschränkt werden können. **Als besonders geeignete Gattungen und Arten sind hier stellvertretend zu nennen:** Rotlaubige Berberitzen, Perückenstrauch, Sommerflieder, Buchsbaum, Eibe, Wacholder, Zwergfichten, Zwergkiefern. Alle diese Gehölze lassen sich durch regelmäßigen Schnitt in ihrer Wuchsleistung steuern.

Deutscher Name	Botanischer Name	Blüten-, Blattfarbe	Höhe in cm
Bartblume	*Caryopteris* ‚Haevenly Blue'	dunkelblau	50–80
Rotlaubige Zwergberberitze	*‚Atropurpurea Nana'*	*braunrotes Laub*	20–40
Buchsbaum	*Buxus* in Sorten	blaugrün, dunkelgrün, hellgrün, weiß gerändert	30–150
Fingerstrauch	*Potentilla*	in Sorten gelb, orange, weiß, rosa	30–100
Johanniskraut	*Hypericum*	in Sorten gelb	30–70
Perückenstrauch	*Cotinus cogg.* ‚Royal Purple'	schwarzrot glänzend	150–200
Säckelblume	*Ceanothus* ‚Gloire de Versailles'	violettblau	80–120
Sommerflieder	*Buddleja alternifolia*	hellviolett/Büschel	100–200
Sommerflieder	*Buddleja* ‚Nanho Blue'	violettblau	150–200
Sommerflieder	*Buddleja* ‚Nanho Purple'	purpurrot	150–200

Durch Clematis und Rosen lassen sich wundervolle Kombinationen erzeugen.

Einige geeignete Nadelgehölze:

Deutscher Name	Botanischer Name	Nadelfarbe	Höhe in cm
Blaue Mädchenkiefer	*Pinus parviflora* ‚Glauca'	blaugrün/ weiße Streifen	60–200
Gelbe Säuleneibe	*Taxus bacc.* ‚Fastigiata Aureomarginata'	dunkelgrün, gelber Rand	60–250
Kisseneibe	*Taxus bacc.* ‚Repandens'	dunkelgrün	30–100
Kriechwacholder	*Juniperus comm.* ‚Repanda'	dunkelgrün/ silbrig	15–25
Säuleneibe	*Taxus bacc.* ‚Fastigiata'	schwarzgrün	60–250
Säulenwacholder	*Juniperus comm.* ‚Hibernica'	bläulichgrün	60–200
Zwergfichte	*Picea abies* ‚Pygmaea'	frischgrün	20–60
Zwergkiefer	*Pinus mugo* var, pumilio	dunkelgrün	30–80

2.7.6 Clematis

Gelungene Kombinationen in Blütenform und -farbe lassen sich zwischen Strauch- sowie Kletterrosen und der Clematis gestalten.

Vom Standort her lassen sich beide Gattungen gut miteinander kombinieren, sie lieben Sonne und haben einen ähnlichen Nährstoffbedarf. Für eine ausreichende Wässerung ist zu sorgen, allerdings sollte auch hier Staunässe vermieden werden. Der sonst gewünschte schattige Fuß bei Clematis kann vernachlässigt werden, da meist keine direkte Sonneneinstrahlung im Wurzelbereich vorhanden ist.

Hierfür können Klettergerüste, Zäune, Pergolen, lichte Bäume und Sträucher verwendet werden. Sogar Kübel mit einem ausreichenden Erdinhalt eignen sich für eine gemeinsame Präsentation. Entscheidend ist, dass beide Pflanzengattungen von der Wuchsstärke und der Blütezeit zueinander passen. Besonders geeignet sind die Sorten der Gruppe ***Clematis viticella***, die

letterrosen und Strauchrosen können sich hervorragend mit Clematis rgänzen, allerdings müssen die Wuchshöhen gut abgestimmt sein.

das gesamte Farbspektrum abdecken, am diesjährigen Neuholz blühen und in der Wüchsigkeit nicht dominieren.

In der Schnittverträglichkeit passen beide Pflanzengruppen gut zusammen. Kletter- und Strauchrosen werden, wie beschrieben, im Frühjahr geschnitten. Damit die im Sommer blühenden Clematis nicht vergreisen, werden sie bereits in der frostfreien Zeit im Winter bis auf etwa 30 cm zurückgeschnitten. Da diese Gattung sehr früh austreibt, ist der frühe Termin notwendig, weil die jungen Triebe leicht abbrechen.

Wenn eine Kombination zwischen Rosen und Clematis geplant ist, sollte den Rosen 2 bis 3 Jahre Vorsprung gewährt werden, damit sie sich entsprechend entwickeln können.

Geeignete Clematis viticella Sorten in Kombination mit Rosen:

Sorte	Blütenfarbe	Blütengröße in cm	Höhe in m
‚Alba Luxurianas'	weiß mit etwas grün	3–4	2–3
‚Avant-Garde'®	dunkelrot, rosa Mitte	5–6	2,5–3
‚Dark Eyes'	dunkel purpurrot	5–10	2,5–3
‚Emilia Plater'	hellblau, helles Mittelband	7–9	2–3
‚Etoile Violett'	violett	5–10	2,5–3,5
‚Forever Friends'®	reinweiß, dunkle Staubgefäße	6–10	2,5–3
‚Jenny'	weiß, blauer Rand	7–8	2,5–3
‚Mme. Julia Correvon'	weinrot, gelbe Staubgefäße	6–8	2,5–3
‚Mary Rose'	violett gefüllt	2–4	2,5–3
‚Polish Spirit'	violett	6–8	2,5–3,5
‚Royal Velours'	dunkelpurpurrot, samtig	4–6	2,5–3,5
‚Tentel'	kräftig altrosa	7–9	2–2,5
‚Vitiwester'®	kräftig rot	7–9	2,5–3

Die Auswahl der Rosen für den eigenen Garten sollte mit viel Sorgfalt erfolgen.

3. Auswahl empfehlenswerter Rosensorten

Durch die riesige Menge der allein in Deutschland angebotenen Rosensorten ist es unmöglich, eine vollständige Empfehlungsliste abzugeben. Daher werden vorwiegend Sorten genannt, die sich besonders durch Gesundheit und Robustheit auszeichnen.

Rosen, die das ADR – Prädikat tragen, bekommen dabei besondere Beachtung. Die vollständige Liste mit den aktuellen ADR-Sorten findet man im Internet unter: **www.adr-rose.de**

Hier sind alle Angaben zu den Sorten wie Rosengruppe, Blütenfarbe, Blütenfülle, Wuchshöhe, Duft, Einführungsjahr sowie Züchter, bzw. Einsender nachzulesen. Darüber hinaus sind auch eine Reihe an Züchtungen aufgeführt, die in jedem Fall bei der Gartenplanung Berücksichtigung finden sollten. Als Ergänzung zur Sortenauswahl dienen die Bildkataloge der einzelnen Züchter- und Händlerbetriebe.

Die nachfolgenden Sortenlisten erheben keinen Anspruch auf Vollständigkeit und geben nur die momentane Meinung des Autors wieder.

Edelrosen

Sorte	Farbe	Wuchshöhe in cm	Duft	Bemerkungen	Züchter/Einsender
Alexandrine®	apricot-creme	60–80	kräftig	nostalgische Blüte	Meilland
Ambiente®	cremeweiß	70–90	leicht	Schnittsorte	Noack
Athena®	creme/rosa Rand	80–120	leicht	Schnittsorte	Kordes
Augusta Luisa®	rose/apricot	80–120	kräftig	Schnittsorte	Tantau
Candlelight®	goldgelb	70–100	kräftig	Schnittsorte	Tantau
Charisma®	magentarot	80–100	mittel	ADR 2012	Noack
Elbflorenz®	fuchsiarot	70–90	kräftig	ADR 2007	Meilland
Eliza®	silbrigrosa	70–100	mittel	ADR 2005	Kordes
Focus®	lachsrosa	60–80	kein	blühfreudig	Noack
Gräfin Diana®	purpur	60–90	kräftig	ADR 2014	Kordes
Grande Amore®	leuchtendrot	70–100	leicht	ADR 2005	Kordes
Inspiration®	lachsrosa mit gelb	90–90	kein	ADR 2005	Noack
Madame Anisette®	creme/apricot	60–90	kräftig nach Anis	ADR 2014	Kordes
Nostalgie®	cremeweiß/kirschrot	80–100	leicht	Schnittsorte	Tantau
Piano®	leuchtendrot	80–120	leicht	Schnittsorte	Tantau
Schloss Ippenburg®	salmrosa	80–100	kräftig	ADR 2008	Meilland
Sebastian Kneipp®	cremeweiß	90–150	leicht	krättiger Wuchs	Kordes
Sunny Sky®	honiggelb	80–120	leicht	ADR 2015	Kordes

Beetrosen

Sorte	Farbe	Wuchshöhe in cm	Duft	Bemerkungen	Züchter/Einsender
Airbrush®	orange/creme	60–80	kein	sehr robust	Kordes
Aprikola®	apricotgelb	50–70	leicht	ADR 2001	Kordes
Bad Birnbach®	lachsrosa	40–60	kein	ADR 2000	Kordes
Bad Wörishofen®	karminrosa	50–60	kein	ADR 2003	Kordes
Bentheimer Gold®	apricot/orange	60–80	kein	ADR 2015	Kordes
Bernsteinrose®	bernsteingelb	60–80	mittel	kompakter Wuchs	Tantau
Black Forest Rose®	rot	60–80	kein	ADR 2010	Kordes
Botichelli®	lachsrosa	60–80	leicht	nostalgische Blüte	Meilland
Brautzauber®	weiß	60–80	kein	ADR 1999	Noack
Canzonetta®	leuchtend rot	40–60	kein	ADR 2005	Noack
Cherry Girl®	kirschrot	60–80	mittel	ADR 2007	Kordes
Country Girl®	kirschrot/weiß	70–90	kein	nostalgische Blüte	Tantau
Crescendo®	rosa	70–90	kein	ADR 2005	Noack
Debüt®	hellgelb	60–70	kein	ADR 2011	Noack
Fortuna®	lachsrosa	40–60	kein	ADR 2002	Kordes
Garden of Roses®	pastellrosa	50–70	leicht	ADR 2009	Kordes
Gartenfreund®	intensiv pink	60–70	kein	ADR 2013	Kordes
Gebrüder Grimm®	orange/gelb/rosa	60–80	leicht	ADR 2002	Kordes
Gelber Engel®	hellgelb	60–80	leicht	ADR 2004	Kordes
Hansestadt Rostock®	bernstein	60–80	leicht	leuchtende Farbe	Tantau
Hermann-Hesse-Rose®	cremeweiß	60–80	leicht	ADR 2010	Noack
Herzogin Christiana®	zartrosa	60–80	kräftig	ADR 2015	Kordes
Home and Garden®	reinrosa	70–90	kein	nostalgische Blüte	Kordes
Kosmos®	cremeweiß	70–80	mittel	ADR 2007	Kordes
Kronjuwel®	dunkelrot	50–70	kein	ADR 1999	Noack
Lemon Fizz®	goldgelb	80–100	kein	ADR 2015	Kordes
Leonardo da Vinci®	dunkelrosa	50–70	kein	nostalgische Blüte	Meilland
Lions-Rose®	cremeweiß	60–80	leicht	ADR 2002	Kordes
Maxi Vita®	orangerosa	50–70	kein	ADR 2000	Kordes
Moin Moin®	rosa	60–70	kein	ADR 2015	Kordes

Sorte	Farbe	Wuchshöhe in cm	Duft	Bemerkungen	Züchter/Einsender
Neon®	karminrosa	50–70	kein	ADR 1999	Kordes
Novalis®	lavendelblau	70–90	mittel	ADR 2013	Kordes
Pink Swany®	kräftig rosa	50–60	kein	ADR 2003	Meilland
Planten un Blomen®	rot-weiß	60–80	kein	ADR 2009	Kordes
Pomponella®	dunkelrosa	70–90	leicht	ADR 2006	Kordes
Portorož®	apricot	70–90	leicht	ADR 2013	Kordes
Red Leonardo da Vinci®	johannisbeerrot	50–70	leicht	ADR 2005	Meilland
Rosengräfin Marie Henriette®	mittelrosa	70–90	kräftig	ADR 2015	Kordes
Rotilia®	karminrot	60–80	leicht	ADR 2002	Kordes
Sweet Honey®	honiggelb	70–100	leicht	ADR 2015	Kordes
Tequila®	orange	40–60	leicht	sehr robust	Meilland
Westart®	goldgelb	60–70	leicht	ADR 2012	Noack
Westzeit®	orange/apricot	60–70	leicht	ADR 2007	Noack

Zwergrosen

Sorte	Farbe	Wuchshöhe in cm	Duft	Bemerkungen	Züchter/Einsender
Bambino®	pink	20–30	kein	Schalenblüte	Noack
Charmant®	rosa	60–40	leicht	ADR 2004	Kordes
Medley Pink®	pink	30–40	kein	ADR 2006	Noack
Medley Red®	rot	30–40	kein	hitzebeständig	Noack
Peach Clementine®	dunkelorange	30–40	kein	gefüllte Blüten	Tantau

Kleinstrauchrosen

Sorte	Farbe	Wuchshöhe in cm	Duft	Bemerkungen	Züchter/Einsender
Aspirin Rose®	weiß	60–80	leicht	ADR 1995	Tantau
Deseo®	orangerot	70–80	kein	ADR 2009	Noack
Escimo®	reinweiß	70–90	kein	ADR 2002	Kordes
Gärtnerfreude®	himbeerrot	30–50	kein	ADR 2001	Kordes
Heidetraum®	leuchtend rot	40–60	kein	ADR 1999	Noack
Innocencia®	reinweiß	50–60	leicht	ADR 2003	Kordes
Lipstick®	violett-pink	60–80	mittel	ADR 2011	Tantau
Loredo®	gelb	50–70	leicht	ADR 2001	Noack
Mirato®	pink	50–70	leicht	ADR 1990	Tantau
Palmengarten Frankfurt®	kräftig-rosa	60–80	kein	ADR 1992	Kordes
Residenz®	pink	80–100	kein	ADR 2011	Noack
Sea Foam	weiß mit rosa	50–70	leicht	sehr robust	E.W.Schwartz
Schneeflocke®	reinweiß	40–50	leicht	ADR 1991	Noack
Stadt Rom®	lachsrosa	50–80	leicht	ADR 2007	Tantau
Sunny Rose®	zartgelb	30–50	kein	ADR 2004	Kordes
Weg der Sinne®	purpur-violett	60–80	leicht	ADR 2015	Kordes

Strauchrosen

Sorte	Farbe	Wuchshöhe in cm	Duft	Bemerkungen	Züchter/Einsender
Abraham Darby®	gelborange	100–150	kräftig	robuste Sorte	Austin
Caramella®	bernsteingelb	100–120	leicht	robuste Sorte	Kordes
Eden Rose®	hellrosa	100–200	leicht	Weltrose 2006	Meilland
Falstaff®	dunkelkarmin	100–150	kräftig	robuste Sorte	Austin
Flashlight®	leuchtend rosa	100–120	leicht	ADR 2006	Noack
Friedenslicht®	cremeweiß	120–150	mittel	Neuheit 2015	Tantau
Goldspatz®	hellgelb	120–150	kein	ADR 2009	Kordes
Graham Thomas®	bernsteingelb	100–150	kräftig	robuste Sorte	Austin
Heritage®	hellrosa	100–120	kräftig	robuste Sorte	Austin
Lambada®	orange	100–120	leicht	robuste Sorte	Kordes
Luise Odier	reinrosa	100–150	kräftig	historische Sorte	Margottin
La Villa Cotta®	kupfer-orange	100–120	leicht	gefülte Blüte	Kordes
Postillion®	leuchtend gelb	140–200	mittel	ADR 1996	Kordes
Rose de Resht	fuchsienrot	80–100	kräftig	historische Sorte	Persien
Roter Korsar®	leuchtend rot	120–200	kein	ADR 2005	Kordes
Shining Light®	leuchtend gelb	100–120	kein	ADR 2009	Noack
Winchester Cathedral®	weiß	80–120	kräftig	robuste Sorte	Austin

Kletterrosen

Sorte	Farbe	Wuchshöhe in cm	Duft	Bemerkungen	Züchter/Einsender
Bajazzo®	orangerosa	200–300	kein	ADR 2010	Kordes
Belkanto®	samtrot	200–300	kein	reichblühend	Noack
Camelot®	pink	250–350	mittel	ADR 2011	Tantau
Florentina®	rot	200–300	kein	nostalgische Blüte	Kordes
Golden Gate®	goldgelb	250–350	leicht	ADR 2006	Kordes
Heidetraum-Plus®	karminrosa	250–300	kein	ADR 2014	Noack
Hella®	weiß	250–350	leicht	ADR 2010	Kordes
Jasmina®	violett-rosa	250–350	mittel	ADR 2007	Kordes
Kir Royal®	seidigrosa	200–300	leicht	ADR 2002	Meilland
Laguna®	kräftig pink	250–350	kräftig	ADR 2007	Kordes
New Dawn	hellrosa	300–400	mittel	bewährte Sorte	Summerset
Sabrina®	creme-weiß	200–300	leicht	ADR 2013	Meilland
Uetersener Klosterrose®	creme	250–350	kräftig	reichblühend	Tantau

Ramblerrosen

Sorte	Farbe	Wuchshöhe in cm	Duft	Bemerkungen	Züchter/Einsender
Bobbie James	weiß	400–600	kräftig	einmalblühend	Sunningdale
Filipes Kiftsgate	weiß	600–800	mittel	einmalblühend	Murell
Guirlande d'Amour®	weiß	200–300	kräftig	ADR 2012	Clausen/Lens
Perennial Blue®	violett-blau	300–450	leicht	öfterblühend ADR 2013	Eurosa/Tantau
Super Dorothy®	rosa	250–350	kein	öfterblühend	Hetzel
Super Excelsa®	karminrot	250–350	kein	öfterblühend	Hetzel
Venusta Pendula	weiß	500–700	leicht	einmalblühend	aus England

Die in den obigen Tabellen genannten Maße sind Durchschnittswerte. Sie beruhen auf Erfahrungswerten sowie Angaben der Züchter. Die Maße können auf leichten Böden darunter, auf schweren Böden darüber liegen.

Edelrosen

Alexandrine®
Ambiente®
Athena®
Augusta Luisa®
Candlelight®
Charisma®
Elbflorenz®
Eliza®
Focus®

Gräfin Diana®

Grande Amore®

Inspiration®

Madame Anisette®

Nostalgie®

Piano®

Schloss Ippenburg®

Sebastian Kneipp®

Sunny Sky®

Beetrosen

Airbrush®
Aprikola®
Bad Birnbach®
Bad Wörishofen®
Bentheimer Gold®
Bernsteinrose®
Black Forest Rose®
Botichelli®
Brautzauber®

Canzonetta®

Cherry Girl®

Country Girl®

Crescendo®

Debüt®

Fortuna®

Garden of Roses®

Gartenfreund®

Gebrüder Grimm®

Gelber Engel®

Hansestadt Rostock®

Hermann-Hesse-Rose®

Herzogin Christiana®

Home and Garden®

Kosmos®

Kronjuwel®

Lemon Fizz®

Leonardo da Vinci®

Lions-Rose®

Maxi Vita®

Moin Moin®

Neon®

Novalis®

Pink Swany®

Planten un Blomen®

Pomponella®

Portorož®

Red Leonardo da Vinci®

Rosengräfin Marie Henriette®

Rotilia®

Sweet Honey®

Westart®

Westzeit®

Zwergrosen

Bambino®

Charmant®

Medley Pink®

Medley Red®

Peach Clementine®

Kleinstrauchrosen

Aspirin Rose®

Deseo®

Escimo®

Gärtnerfreude®

Heidetraum®

Innocencia®

Lipstick®

Loredo®

Mirato®

Palmengarten Frankfurt®

Residenz®

Sea Foam

Schneeflocke®

Stadt Rom®

Sunny Rose®

Weg der Sinne®

Strauchrosen

Abraham Darby®

Caramella®

Eden Rose®

Flashlight®

Friedenslicht®

Goldspatz®

Graham Thomas®

Lambada®

Luise Odier

La Villa Cotta®

Postillion®

Rose de Resht

Shining Light®

Winchester Cathedral®

Roter Korsar®

Kletterrosen

Bajazzo®

Belkanto®

Camelot®

Florentina®

Golden Gate®

Heidetraum-Plus®

Hella®

Jasmina®

Kir Royal®

New Dawn

Laguna®

Uetersener Klosterrose®

Ramblerrosen

Bobbie James

Guirlande d'Amour®

Perennial Blue®

Venusta Pendula

Super Dorothy®

Super Excelsa®

4. Bezugsquellen

Häufig sind in der Nähe des Gartenliebhabers qualifizierte Gartenbaumschulen oder Gartencenter vorhanden, bei denen das gewünschte Pflanzenmaterial erworben werden kann. Allerdings können dort sicher nicht immer alle Pflanzenwünsche erfüllt werden.

Nachfolgend sind zur Auswahl einige Züchter- und Produktionsbetriebe in Deutschland aufgeführt, die über umfassende Bildkataloge und gut gepflegte Webseiten im Internet verfügen.

Baum- und Rosenschulen H. Clausen
Schleswiger Straße 46
D 24860 Böklund
www.baumschule-clausen.de
Spezialitäten: Historische, Englische und moderne Rosen.

W. Kordes Söhne
Rosenstraße 54
D 23365 Klein Offenseth-Sparrieshoop
www.gartenrosen.de
Spezialitäten: Vorwiegend eigene Züchtungen, Moderne Duftrosen, Rigo-Rosen, Klettermaxe. Sorten weltweit bekannter Züchter.

Noack Rosen
Im Waterkamp 12
33334 Gütersloh
www.noack-rosen.de
Spezialitäten: Großes Sortiment eigener Züchtungen.

Rosarot Pflanzenversand
www.rosarot-pflanzenversand.de
Spezialitäten: Meilland-Rosen, Romantica-Rosen, Duftrosen der Provence.

Rosenpark Dräger
Am Freiacker 1
D 61231 Bad Nauheim – Steinfurth
www. rosenpark-draeger.de
Spezialitäten: Großes Sortiment aus eigener Produktion.

Rosen Tantau
Tornescher Weg 13
D 25436 Uetersen
www.rosen-tantau.com
Spezialitäten: Großes Sortiment eigener Züchtungen, aber auch Sorten anderer namhafter Züchter

Rosen-Union eG
Bad Nauheimer Straße 47
D 61231 Bad Nauheim – Steinfurth
www.rosen-union.de
Spezialitäten: Großes Sortiment aller bekannten Züchter.

Rosenhof Schultheis
Bad Nauheimer Straße 3–7
61231 Bad Nauheim-Stein
www.rosenhof-schultheis.de
Spezialitäten: Großes Sortiment moderner und historischer Rosen.

Baumschule Schütt
Vorder Neuendorf 16
D 25554 Neuendorf – Sachsenbande
www.historische-rosen-schuett.de
Spezialitäten: Großes Sortiment an historischen Rosen.

Münster Baumschulen
Bullendorf 19–20
25335 Altenmoor/Elmshorn
www.clematis-muenster.de
Spezialitäten: Clematis und andere Kletterpflanzen
Privatversand:
www.baumschule-horstmann.de

5. Rosenkalender

Tätigkeit	Januar	Februar	März	April	Mai
Bodenproben nehmen (PH-Wert/Nährstoffe)					
Entfernen Winterschutz					
Abhäufeln					
Rückschnitt/Pflegeschnitt					
Grunddüngung					
Veredelungsunterlagen pflanzen					
Okulate absetzen					
Okulate pinzieren					
Bodenlockerung					
Pflanzenschutz, sofern erforderlich					
Stecklingsvermehrung					
Veredelung (Okulation)					
Sommerschnitt					
Nachdüngung Sommer					
Kalidüngung/Ausreife					
Bodenvorbereitung für Neupflanzung					
Pflanzung wurzelnackt					
Pflanzung Containerrosen					
Anhäufeln/Winterschutz					
Abdecken mit Reisig					

Juni	Juli	August	September	Oktober	November	Dezember

6. Glossar

ADR-Prüfung
Allgemeine Deutsche Rosenneuheitenprüfung.

Adventivaugen
An ungewöhnlichen Stellen der Pflanze, z. B. Wurzeln oder verholzten alten Trieben befindliche Augen/Knospen, die durch Schnittmaßnahmen aktiviert werden.

Affinität
Verträglichkeit zwischen Unterlage und Reisern.

Ambossschere
Die Klinge drückt den zu schneidenden Trieb gegen einen Amboss. Bei weichem Holz besteht Quetschgefahr.

Apothekerrose
Rosa gallica.

Auge
Voll entwickelte Knospe, die sich in einer Blattachsel befindet.

Ausläufer
Neue Triebe, die aus dem Wurzelbereich entstehen. Bei veredelten Rosen negativ, da Wildtriebe.

Begleitpflanzen
Zur Kombination mit Rosen geeignete Pflanzen (Stauden, Gräser, Gehölze, Sommerblumen und Blumenzwiebeln).

Bestäubung
Übertragung des männlichen Pollens auf die weiblichen Blütenorgane (Narbe).

Blattmasse
Assimilationsfläche mit Chlorophylleinlagerungen, durch diese betreiben Pflanzen Photosynthese.

Bodenvorbereitung
Optimales Herrichten der Pflanzflächen.

Bypassschere
Schere mit Klinge und Gegenklinge, gewährleistet einen sauberen Schnitt.

Centifolia – Rosen
Hundertblättrige Rose. Zuchtform aus Rosa X damascena und Rosa alba/gallica.

Containerrosen
In Spezialtöpfen gezogene Rosen für fast ganzjährigen Verkauf und Pflanzung.

Damascena-Rosen
Haben ihren Ursprung im Raum Damaskus.

Dolde
Mehrere Blüten zu einem Blütenstand vereint.

Durchtrieb
Nach dem Rückschnitt erfolgter Neuaustrieb.

Edelreiser
Nutzbare sortenechte Triebe zur vegetativen Vermehrung wie Okulation, Stecklinge und Kopulation.

Flor
Blüte.

Generative Vermehrung
Geschlechtliche Vermehrung aus Samen.

Gegenständig
Augen/Knospen sitzen an einem Trieb gegenüber.

Grundtriebe
Aus der Veredelungsstelle (Basis) kommende Triebe.

Hagebutten
Nach der Befruchtung der Blüte entstehende Fruchtstände an Rosen.

Hundsrose
Rosa canina.

Internodien
Zwischen den einzelnen Augen liegende Triebteile.

Johannistrieb
Der zweite Trieb der Pflanzen beginnt um Johannis (24. Juni).

Kallusbildung
Bildung von Wundgewebe an Schnittstellen.

Kambium
So nennt man die teilungsfähige Wachstumsschicht zwischen Holz und Rinde.

Kaskadenrosen
Auf Stämme veredelte Kletter- oder Bodendeckerrosen.

Langzeitdünger
Es sind langsam fließende Mehrnährstoffdünger mit einer Wirkungsdauer von 3 bis 9 Monaten. Meist ist die Löslichkeit von Feuchtigkeit und Wärme abhängig.

Lösen beim Veredeln
Zur Okulation müssen Edelreiser und Unterlagen sich vom Kambium lösen lassen.

Mehrnährstoffdünger
Mit mehreren Nährstoffen versehener Mineraldünger, häufig sind Phosphate ausreichend im Boden vorhanden. Daher sind regelmäßige Nährstoffanalysen der Böden notwendig.

Mikronährstoffe
Sind meist nur in kleinen Mengen bei der Pflanzenernährung erforderlich (Eisen, Mangan, Kupfer, Zink, Molybdän, Bor und Chlor). Oft sind Mikronährstoffe in Voll- und Mehrnährstoffdüngern enthalten.

Mineralische Dünger
Aus Naturvorkommen (Phosphat, Kali) oder synthetisch hergestellten Pflanzennährstoffen.

Mulchen
Mit organischer Masse (Rinde, Hackschnitzel) abgedeckte Pflanzflächen.

Organische Dünger
Haben ihren Ursprung im tierischen (Stalldung, Hornspäne) oder im pflanzlichen Bereich (Kompost).

Okulation
Augenveredelung im Sommer. In den Wurzelhals einer Unterlage wird ein Auge der zu veredelnden Pflanze eingesetzt.

Okuliermesser
Spezialmesser zur Augenveredelung (Okulation).

pH-Wert
Der Wert gibt Auskunft über den Säuregrad der Kulturböden. Bei Rosen sollte er um 6,0 liegen. Alle 2–3 Jahre sollte der pH-Wert überprüft werden.

Pflanzenschutz
Zur Gesunderhaltung von Pflanzen notwendige Maßnahmen.Vor Anwendung immer Befallsdruck prüfen!

Pflanzschnitt
Rückschnitt vor der Pflanzung von Wurzeln und Trieben.

Pinzieren
Einkürzen nicht verholzter Triebe. Dadurch wird eine bessere Verzweigung erreicht.

Selektion
Auslese besonders wertvoll erscheinender Pflanzen schon nach der Aussaat.

Schlafende Augen
Siehe Adventivaugen.

Sommerschnitt bei Rosen
Fördert nach dem ersten Flor den Durchtrieb und neue Blütenbildung.

Stammrosen
Auf Wildstämme veredelte Rosensorten aller Art.

Standortwahl
Ausgewählter Platz für die Pflanzung.

Stecklinge
In der Vegetationszeit geschnittene Pflanzenteile, die zur Bewurzelung gebracht werden.

Substrat
Ein Gemisch aus organischen und mineralischen Stoffen für die Pflanzenkultur.

Unterlage
Dient beim Veredeln von Gehölzen als Trägerpflanze von Edelreisern.

Veredeln
Verwachsen von Unterlage und Edelreis (Okulation, Kopulation).

Vegetative Vermehrung
Ungeschlechtliche Vermehrung durch Veredelung, Stecklinge, Teilung usw.

Vegetationsruhe
Der Zeitraum, in dem kein Wachstum stattfindet.

Vegetationszeit
Der Zeitraum zwischen Austrieb und Blattfall.

Vielblütige Rose
Rosa multiflora.

Volldünger
Mit den Hauptnährstoffen Stickstoff (N), Phosphat (P) und Kalium (K) versehene Mineraldünger.

Wechselständig
Augen/Knospen sind einzeln im Wechsel an den Trieben.

Wildtriebe
Aus der Unterlage wachsende Triebe. Diese müssen umgehend entfernt werden.

Wurzelechte Rosen
Aus Stecklingsvermehrung entstanden. Stehen auf eigener Wurzel, daher keine Wildaustriebe.

Wurzelnackte Rosen
Rosen, die ohne Wurzelverpackung in der Vegetationsruhe gepflanzt werden.

Züchtung
Gewollte genetische Veränderung durch das Zusammenführen ausgewählter Erbanlagen.

Zwittrige Blüten
Weibliche und männliche Anlagen befinden sich in einer Blüte.

Literaturverzeichnis

Strobel, K.-J. (2006): Alles über Rosen. Verwendung, Sorten, Praxis. Stuttgart: Ulmer.

Krüssmann, G. (1974): Rosen Rosen Rosen. Hamburg/Berlin: Paul Parey.

Kiermeier, P. & Proll, T. (2006): Rosen. Stuttgart: Kosmos.

Throll, A. & Wolf, J. (2007): Das Kosmos Handbuch Rosen. Die besten Sorten europäischer Experten. Stuttgart: Kosmos.

Markley, R. (1997): Die BLV Rosenenzyklopädie. München: BLV.

Angebotskataloge von W. Kordes Söhne, Noack Rosen, Rosen Tantau, Rosen-Union eG.

Bildquellennachweis

Christel Adams 23 l., 29 r., 30, 31 l., 31 r., 32 l., 33 r.

W. Kordes' Söhne GmbH & Co. KG 62 o. r., 62 u., 63 o. l., 63 o., 63 l., 63 u., 63 u. l., 64 m., 64 l., 64 o. r., 64 o., 64 o. l., 64 u. l., 65 o., 65 r., 65 u. l., 65 u., 65 u. r., 66 o. l., 66 l., 66 m., 66 r., 66 u., 67 o. l., 67 o., 67 o. r., 67 l., 67 m., 67 u. l., 67 u., 67 u. r., 68 o., 68 o. r., 68 l., 69 o., 70 o. r., 70 l., 70 r., 71 o. l., 71 r., 71 u. r., 72 o., 72 u. l., 73 o. l., 73 o. r., 73 l., 73 u. r., 74 o. l., 74 u. l., 74 u., 75 o. r., 75 o., 75 u. l., 76 o. r., 76 u., 76 u. l.

Noack Rosen 62 o., 62 r., 62 u. r., 63 o. r., 64 u. r., 65 o. l., 65 l., 65 m., 66 o. r., 66 u. l., 68 u., 68 u. r., 69 o. l., 69 u. l., 69 u., 70 o., 70 m., 70 u., 71 o., 71 u. l., 72 m., 73 u. l., 74 u. r.

Rosen Tantau KG 62 l., 62 m., 63 m., 63 r., 64 m. r., 65 o. r., 66 o., 69 r., 70 o. l., 70 u. l., 70 u. r., 71 u., 72 r., 74 o. r., 75 u.

Rosenschule Stange 62 o. l., 64 u.

Dr. Burkhard Spellerberg 8 u. r., 43 r.

Creative Commons – gemeinfrei
Anna reg 63 u. l., 67 r., 68 o. l., 71 o. r., 75 o. r., 76 u. r.
Magnus Manske 62 u. l.
Florian Moeckel 73 m.

Creative Commons – Lizenz
Anna reg (CC 3.0) 10, 66 u. r., 72 o. l., 73 u.
Hermann Schachner (CC 1.0) 7 r.
Sten Porse (CC 3.0) 9 u. l.
Hamachidori (CC 3.0) 72 o. r.
A. Barra (CC 3.0) 73 o.
Jamain (CC 3.0) 76 o. r.
Uleli (CC 3.0) 75 m.
T. Kiya (CC 3.0) 72 u.

Alle anderen Abbildungen stammen vom Autor.

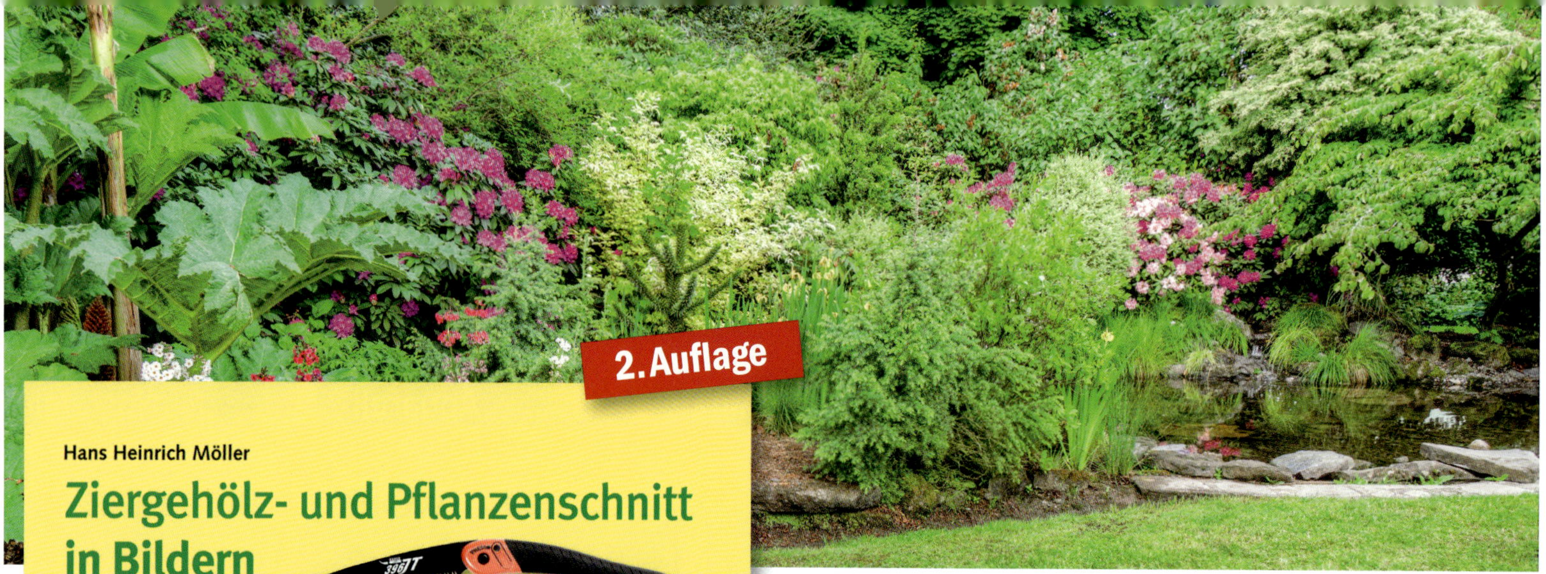

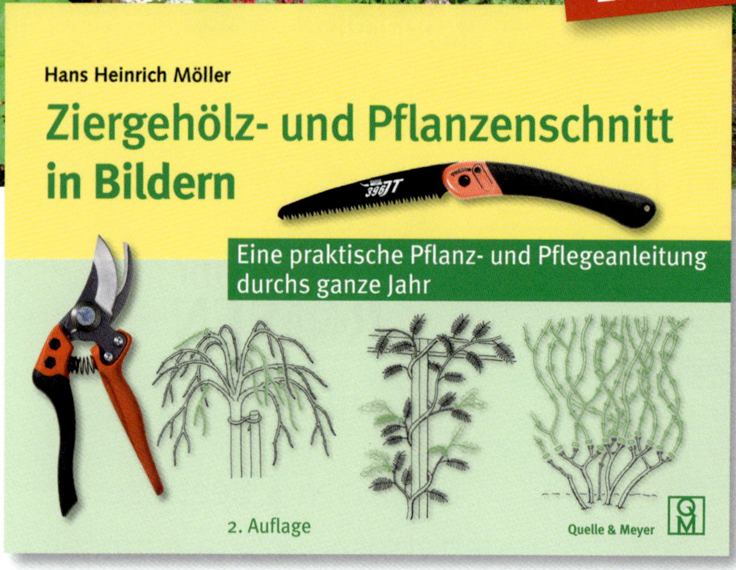

2., durchgesehene Auflage 2010. 80 S.,
54 Strichabb., kart.
ISBN 978-3-494-01485-2
Best.-Nr. 494-01485

€ 8,95

Hans Heinrich Möller

Ziergehölz- und Pflanzenschnitt in Bildern

Eine praktische Pflanz- und Pflegeanleitung durchs ganze Jahr

Jeder Gartenbesitzer steht früher oder später vor folgender Frage: Kann, soll oder muss mein Ziergehölz geschnitten werden und, wenn ja, wann, wie und mit welchem Werkzeug? Lagen die Antworten bisher hinter Bergen von Fachliteratur verborgen, passen sie jetzt in jede Arbeitsschürze. Der Autor zeigt in diesem handlichen Praxisbuch Schritt für Schritt mit Hilfe von vielen eindeutigen Zeichnungen und prägnanten Erläuterungen „wie es geht“. Ob Verjüngungs-, Form- oder Erziehungsschnitt: keine Frage bleibt offen. Auch nicht die nach dem richtigen Standort und wie man Ziergehölze durch die richtige Pflege oft zu mehrfachem Blühen bringen kann. Ein ausführliches Artenregister ermöglicht das schnelle Auffinden der jeweiligen Schnittanleitung für das gewünschte Gehölz. Ein umfassender Schnittkalender zeigt auf einen Blick, wann welche Arbeiten anstehen.

Quelle & Meyer Verlag GmbH & Co. · Industriepark 3 · 56291 Wiebelsheim
E-Mail: vertrieb@quelle-meyer.de · Internet: www.verlagsgemeinschaft.com

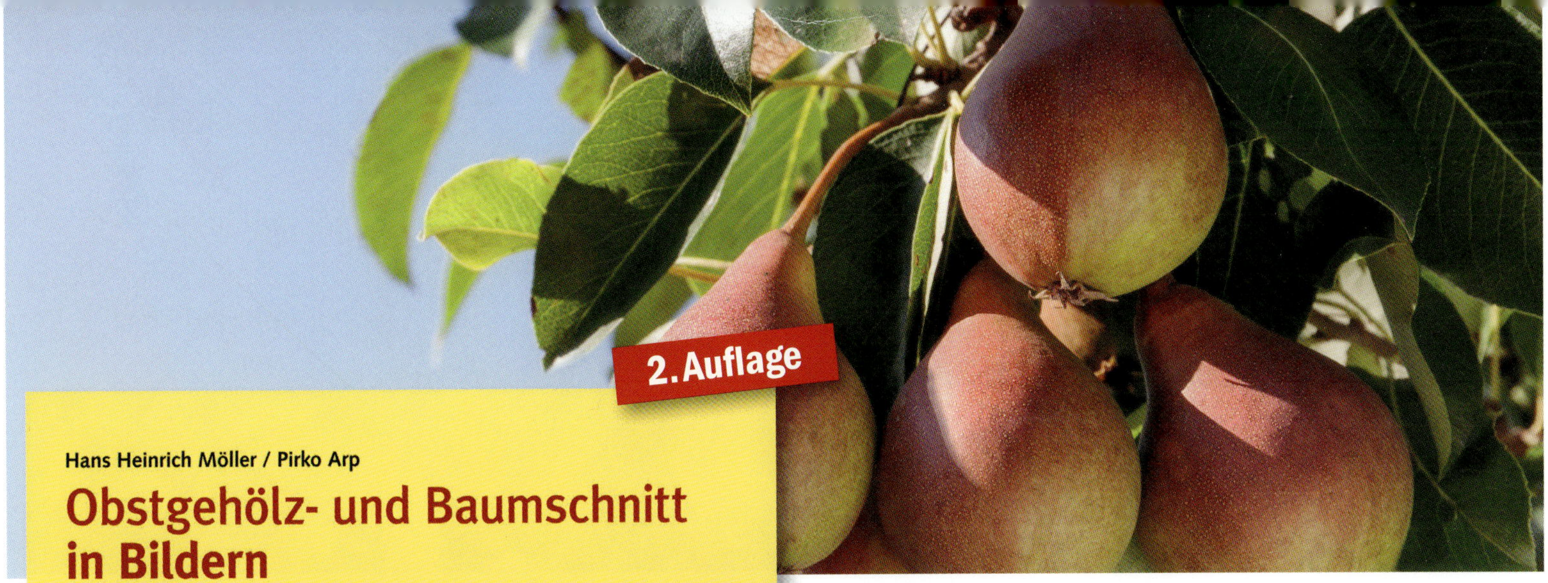

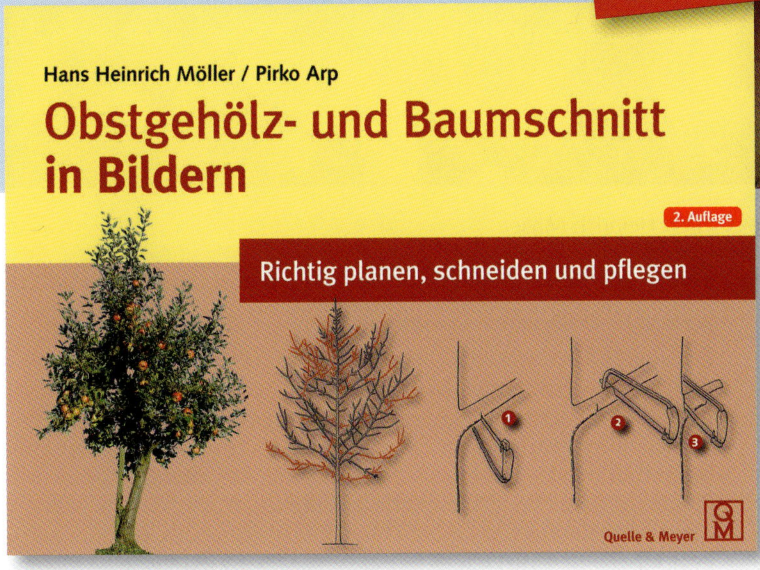

2., korrigierte Auflage 2013,
96 S., 102 Strichabb., 30 Tab., kart.
ISBN 978-3-494-01537-8
Best.-Nr. 494-01537 **€ 8,95**

Hans Heinrich Möller / Pirko Arp

Obstgehölz- und Baumschnitt in Bildern

Richtig planen, schneiden und pflegen

Dieses Buch erklärt auch dem Laien anhand von zweifarbigen Zeichnungen, wie ein fachgerechter Schnitt in den verschiedenen Entwicklungsstadien der Obstgehölze und Bäume durchgeführt wird. Auch Fragen zur Pflanzen- und Standortwahl, dem richtigen Werkzeug oder dem besten Schnittzeitpunkt finden - neben vielen weiteren Praxistipps - verständliche und fundierte Antworten. Eine Arten- und Sortenliste mit praktischer Pflanz- und Pflegeübersicht gibt auf einen Blick konkrete Hinweise zur Wahl des geeigneten Standorts, zur Anfälligkeit gegenüber Krankheiten und Schädlingen sowie zu den richtigen Schnitt- und Pflegemaßnahmen. Dieses Praxisbuch wird jedem Gärtner ein hilfreicher Begleiter auf dem Weg zu bestmöglichen Fruchterträgen und schönen Baumformen sein und sollte in keiner Arbeitsschürze fehlen!

Quelle & Meyer Verlag GmbH & Co. · Industriepark 3 · 56291 Wiebelsheim
E-Mail: vertrieb@quelle-meyer.de · Internet: www.verlagsgemeinschaft.com

Hans Heinrich Möller

Nutz- und Zierpflanzenvermehrung in Bildern

Auswahl – Methoden – Veredelung

Gartenprofi Hans Heinrich Möller zeigt, wie Sie Ihre Lieblingspflanzen problemlos selbst vermehren und weiter kultivieren können. Das Repertoire der Vermehrungsarten reicht dabei von der einfachen Aussaat von Gemüsepflanzen oder Sommerblumen bis hin zu anspruchsvolleren Methoden wie das Setzen von Steckholz oder Stecklingen. Auch die unterschiedlichen Veredelungsarten werden ausführlich beschrieben. Alle Arbeitsschritte sind zusätzlich mit selbsterklärenden Zeichnungen bebildert, so dass sich mit diesem Buch jedem Gartenfreund ungeahnte Möglichkeiten eröffnen.

1. Auflage 2011, 80 S.,
93 Abb., 11 Tab., kart.
ISBN 978-3-494-01484-5
Best.-Nr. 494-01484

€ 8,95

Quelle & Meyer Verlag GmbH & Co. · Industriepark 3 · 56291 Wiebelsheim
E-Mail: vertrieb@quelle-meyer.de · Internet: www.verlagsgemeinschaft.com